管家式经济

物联网时代如何精准预测
消费需求

[美] 查克·马丁 ◎著

高乾 朱越峰 ◎译

The New
Business-to-Consumer
Connections
of
The
Internet
of
Things

Digital
Transformation
3.0

四川人民出版社

图书在版编目（CIP）数据

管家式经济 ：物联网时代如何精准预测消费需求 /
（美）查克·马丁著；高乾，朱越峰译. -- 成都 ：四川
人民出版社，2020.9
　　ISBN 978-7-220-11609-4

　　Ⅰ.①管… Ⅱ.①查… ②高… ③朱… Ⅲ.①商业模
式—研究 Ⅳ.①F71

中国版本图书馆CIP数据核字（2020）第044704号

Copyright ⓒ 2019 by Chuck Martin
This edition arranged with Joelle Delbourgo Associates, Inc.
through Andrew Nurnberg Associates International Limited

四川省版权局著作权合同登记号：21-2019-393

GUANJIASHI JINGJI: WULIANWANG SHIDAI RUHE JINGZHUN YUCE XIAOFEI XUQIU

管家式经济：物联网时代如何精准预测消费需求

[美] 查克·马丁　著　高　乾　朱越峰　译

责任编辑	杨　立　邵显瞳
责任印制	周　奇
责任校对	吴　玥
封面设计	水玉银
版式设计	张志凯
出　　版	四川人民出版社
策　　划	杭州蓝狮子文化创意股份有限公司
出版发行	四川人民出版社(成都槐树街2号)
网　　址	http://www.scpph.com
E-mail	scrmcbs@sina.com
新浪微博	@四川人民出版社
微信公众号	四川人民出版社
发行部业务电话	（028）86259624　86259453
防盗版举报电话	（028）86259624
制　　版	杭州真凯文化艺术有限公司
印　　刷	成都东江印务有限公司
规　　格	880×1230毫米　32开
印　　张	9.5
字　　数	175千
版　　次	2020年9月第1版
印　　次	2020年9月第1次印刷
书　　号	ISBN 978-7-220-11609-4
定　　价	79.00元

■版权所有·侵权必究

本书若出现印装质量问题，请与我社发行部联系调换。

电话:(028)86259453

致我的爱人泰瑞！

DIGITAL
TRANSFORMATION
3.0 **目 录**

前言：第三次技术变革

第三次技术变革

新科技的大潮正逐步逼近，将给各行各业带来极大的冲击。这次技术变革将会是有史以来最大的一次，其范围几乎要覆盖全球。经过这次变革，客户体验及其与商户的关系都将得到革新。物联网在人、地点和事物之间创建了联系，它的七大组成部分也将驱动着技术变革继续发展。

第一次技术变革来自互联网，或者准确地说，是商业万维网（commercial World Wide Web）。我在1998年的畅销书《联网未来》中对此有所介绍，其中也讲述了七种互联网的发展态势，后来它们都变成了现实。这些就是互联性的早期形态。各类厂商开始建立彼此间的数据联系、员工内部的联系，使供应链自动化；同时重新定义了供应商、批发商和合伙人的关系，并开始着手解决遗留问题。

第二次技术变革则来自移动互联网。除了互联网外，智能手机是另一项具有重大意义的发明，尽管它和互联网有一些不同。在互联网进入商业领域后，一个人也好，一家企业也罢，无论哪个个体想要联网，都必须一个一个地依次进行，而这将会耗上数年的时间。在早期，联网需要使用浏览器，浏览器需要从磁盘中载入，而磁盘的供给权，一开始由网景公司掌握，后来则在微软公司手中。在那时候，所有电脑都是没有内置浏览器的。而以2007年苹果公司的iPhone上市为开端，智能手机开始流行起来，每个人都已经连入了互联网。智能手机让一切都变得便携。从前，一切线上的工作都要求人们坐在电脑前，在一个固定的地方完成；而现在，智能手机把全世界引入了一个移动的时代。在智能手机问世前，人们的行动大多是重复式的，比如我们要在家里完成线上工作，然后才能外出购物。而我们大多数的钱也都花在了商店里，这点在我2012年出版的书《决战第三屏：移动互联网时代的商业与营销新规则》和之后2014年出版的《决胜移动终端：移动互联时代影响消费者决策的6大关键》中都有涉及。

而有了智能手机，人们的行动就变为了迭代式，我们基本上可以在任何时间、任何地点上网，并完成各种各样的事情。随着手机与消费者行为的共同进步，大量基于位置的信息和支付服务也应运而生。

而如今面世的第三次技术变革则来自物联网。这次技术变革与前两次最大的区别在于，互联网和智能手机仅仅涉及一个领域，而物联网却跨领域、跨行业，涉及快速发展的科技、数以万计联网设备的研发、易于获取的海量数据，以及人们用以处理和分析这些数据的新方法。

由此，七种不同的科技力量同时作用于如今的市场。而我写本书的目的，即在于在新时代语境中讨论这七种力量，并用研究数据和翔实案例作为佐证。以下便是七种引领数字化变革的技术：

1. 传感器——它是物联网的驱动力，将使位置追踪变得更加容易。在物联网上，任何事物都可以被追踪到。

2. 人工智能——从根本上而言，它将成为物联网的中枢，能够不断地学习并预测人类的行为。

3. 语音助手——随着手指敲击键盘打字的输入方式退居二线，语音成为人类新的沟通方式。

4. 智能家居——住宅里的联网设备正在改变消费者对厂商的期望。

5. 虚拟现实和增强现实——它把物理世界与虚拟世界进行融合，提供一种全新的实时信息，转变用户位置和用户体验。

6. 互联汽车——通过全新的、不间断的交互活动，使得用户和厂商之间的交流变得更加具有移动性。

7. 无人机与机器人——借助随时学习的远程操控设备实现人类工作自动化。

还有一些技术变革尚在酝酿中，譬如区块链和可穿戴设备，但我们依然把关注点放在这七种最重要的技术上，为那些正在开始理解和应对当前时代发展潮流的企业提供借鉴。此外，还有人们通常称之为"工业时代4.0"的第四次工业变革。不过，它与制造业以及工业息息相关，而这本书侧重研究客户与企业互动领域，以及影响两者关系的技术问题。

消费者知之甚少

在推广物联网设备的过程中，一个最大的阻碍是，消费者对物联网缺乏认识。市场调研机构Market Strategies International对美国1000名负责家庭财务管理和采购的成年人展开一项调查，调查显示，虽然许多人在生活和工作中都曾切实地使用或者体验过物联网，但他们当中的大多数人却根本没有意识到物联网的存在。而这份调查结果反映了美国公民的总体情况：仅有不到1/4（23%）的消费者知道物联网，而大多数人（68%）对此完全不了解。然而，这些人大多都使用过，或至少遇见过物联网技术。例如，超过半数的人都曾经体验过包括活动追踪器在内的可穿戴设备。还有大约1/3的人体验过利用Wi-Fi进行远程监控的智能家居。

这项调研还发现，对于那些了解物联网和不了解物联网的人而言，他们具有不同的表现，尤其是涉及物联网管理方面的时候，他们的看法更是千差万别。在那些熟悉物联网的人中，大约有一半的人（48%）认为，政府部门应该管制工作场合中物联网技术的使用。但在那些不熟悉物联网的人中，只有1/4的人持相同看法。对物联网的了解程度还会带来许多其他方面的差异。对于在物联网环境中工作的人，他们往往希望能更好地利用物联网技术——譬如智能语音设备。他们希望类似的物联网技术在日常生活中得到更加广泛地应用。而那些工作中不接触物联网的人当中，只有一半的人表示对此类技术感兴趣。

很多消费者都听说过联网设备，比如智能牙刷、智能冰箱、智能汽车和智能城市。但这些所谓的"智能设备"大多都仅仅是一些自动化设备，它们可以根据用户的指令自主地开启或关闭。比如说，在用户到家前，暖气会自动开启；用户起床前，咖啡机会自动启动；用户离家时家里灯光自动关闭，返家时灯光自动打开……这些都是十分显而易见的例子。但真正的智能设备，应该能依据其他因素，自行判断开关时间。不过，实际上，如果用户根本就不知道物联网，他们应该也不太可能需求物联网的创新。

物联网的覆盖面

无论你如何细分物联网，它的体量依然庞大，物联网应用市场的调研数据也依然令人惊叹。比如，根据市场调研公司Canalys的预测，一年内将会有5600万智能音箱涌入市场。而在智能手表领域，据英国市场研究公司Juniper Research调查，截至2022年，将会有8000万混合型的智能手表投入市场。另外，根据国际数据资讯公司的预测，截至2021年，智能手表的出货量将达到7200万只。在拉斯维加斯的国际消费类电子产品展览会上，康卡斯特有线通讯公司旗下互动媒体公司Xfinity宣布要给其所有系列产品配置智能家居功能，换言之，它的1500万用户可以即刻享受Xfinity产品的智能家居功能，却不需要支付任何费用，并且升级过程是全自动的。数月后，Xfinity还向1500万用户推出了一项新功能：任何人试图接入网络时，Xfinity用户的手机上会收到信息提示，并询问用户是否允许此人访问网络。根据市场调研平台Research and Markets的调查，地图定位服务的市场效益有望在2025年达到710亿美元。而Juniper Research公司的数据表明，截至2022年，智能视频设备所带来的收益至少能达到100亿美元。还有一项研究预测，截至2022年，物联网技术的市值将会达到1万亿美元。BCC Research的研究表明，目前联网设备的数量已经超过了世界人口总量。据预测，截至2022年，在全球范围内，平均每人将会拥有4台联网设备。通过上述数据，你应该能大致了解物联网的发展现状。

　　随着越来越多的企业利用聊天机器人和人工智能接待顾客，消费者们将全面感受到物联网的影响。如今全球已经有超过一半的企业投资了虚拟客服技术，而在此基础上，高德纳咨询公司（Gartner）预测，两年内有1/4客服工作将由虚拟客服或聊天机器人承担。高德纳咨询公司的常务副总裁基恩·阿尔瓦雷斯称："随着越来越多的客户开始使用数字电视频道，虚拟客服技术将用于处理客户在网站、手机应用程序、消费者反馈应用程序和社交媒体上提出的要求。同时，自然语言处理技术、机器自主学习技术和意图匹配能力不断发展，虚拟客服技术也会因此不断得到巩固。"

　　高德纳咨询公司还做出了以下预测：①

　　● 截至2020年，30%的企业间电子商务公司（B2B）将会把人工智能投入应用；

　　● 一年内，20%的品牌商家将不再使用自己的手机应用程序；

　　● 截至2020年，40%以上的数据分析项目将会与客户

---

① 本书英文原版出版于2019年，考虑现实参照意义，故对预测数据不再做逐一修改。若无特别说明，本书脚注均为编者注。

服务有关；

● 截至2020年，20%的公司将采用增强现实、虚拟现实和混合现实的沉浸式技术，并以此作为自己数字化变革战略的一部分。

越来越多的自动化技术正被企业所采用，这并非没有原因。据高德纳咨询公司调查，一些企业表示，使用了虚拟客服技术后，它们的报告显示，来自电话、网上留言和电子邮件的咨询数量减少了70%。

本书是一本科普读物，旨在让读者从各种层面快速了解七项创新技术，并帮助读者规划未来商业之路。内容轻理论重实践，采撷当今市场上发生的真实事件为案例，依托扎实研究，研判未来市场发展态势。书中很多信息均来源于高度可信的研究机构，并且，所有出现的数据都注明了来源。书中的调研案例若没有特别写出具体调研范围，均为全球性案例。而其他信息则来源于我个人所做的初步研究，因为我常常与那些专门从事物联网工作的人，尤其与那些阅读媒体发布网（MediaPost）《人工智能与物联网日报》上我的每日专栏的读者交流见解。本书作于2019年，文中"明年、未来5年"等表述，读者可根据写作时间推断。

查克·马丁

DIGITAL
TRANSFORMATION
3.0

01

万物智能互联：
无处不在的传感器

传感器驱动着物联网的发展。它能够提供人、地点和物体的实时位置信息。在互联网商业化之前，供需关系是可以追踪的，虽然所采取的方式较为原始。而网络，尤其是移动网络，改变了这种方式。由此，史无前例地，时间和地点也可以加入供需关系之中了。这就是早期的追踪方式。而如今，物联网彻底革新了物体追踪的意义。这主要归功于数以亿计的联网设备，这些设备可以感知各种人类活动，而它们进入市场并得到大量应用，从而为我们提供了海量的新数据，极大地加深了我们对追踪的理解。追踪并不是什么新鲜事物，但传感器能把人、地点和物体的位置互相关联起来。在很多情况下，只需要极低的功率，传感器就可以获取并传输许多字节的信息。这些信息经过累积后，就能描绘出一幅生动的图像。譬如在不同时间、地点、距离、库存、价格，甚至天气等条件下，消费者所具有的行为特点。

　　有了传感器，零售商便能知晓顾客什么时候进店，进店后都逛了哪些地方，以及他们来自于什么地方，出店门后又去了哪里。传感器还能连接智能手机，向手机推送一些信息，比如在顾客靠近某些特价商品时，它就能发出提醒。机场里安装的传感器同样可以通过手机告知机场旅客登机口的变更信息、航班的延误信息，或者登机时间等相关信息，为旅客提供帮助。汽车上的传感器可以在行进中识别后方来车是否进入司机视野盲区，在倒车入库时检测附近是否有人或障碍物，也可以对即将跨越公路车道的司机做出提醒。传感器可以安装在消费者买回家的商品上，甚至可以植入人体内。这样一来，人们只要挥挥手，就能打开家门，或者完成商品的购买。

　　然而，现实中决不能无所顾忌地使用传感器，因为这会涉及很多重要的隐私问题，这是所有大厂商在使用传感器收集消费者信息时必须意识到的。只有在获得消费者的允许后，传感器才可以获取、使用他们的个人信息，换言之，必须要明确地征询消费者的意见，获得他们对于这种个人定位追踪服务的许可。而对于企业来说，真正的挑战是提高产品价值，让消费者愿意就此做出表态，否则这种技术便只能局限于实验室里。在许多情况下，各个公司只是利用传感器采集统计信息，坚决避免收集和使用私人信息。例如，零售商或许想了解店内顾客的购物路线，从而来改善店铺布局和产品摆放。尽管多年来，这项任务都是由店内监控完成的，但相较之下，传感器可以更高效、更准确地执行同样的任务。此外，传感器还可以与店内照明系统进行整合，照明系统是每个店铺必不可少的。本章旨在探讨物联网传感器在现实中的应用范围。

物联网与传感器

传感器是物联网的基本组成部分。传感器有着不同的样式，但只要有人，或者物体移动，它就能监测出位移的时间和位置。即使这个位移只是发生在一个商店里面，传感器也能追踪运送途中的货物。此外，正如我们在全美零售商联合会展览上见到的，传感器还可以用于客流量追踪。在这个物联网时代，我们希望传感器可以通过无线网络传输数据信息，而大多数传感器已经做到了这一步。以下两项研究表明了传感器市场的基本发展方向。

第一项研究是由物联网市场调研公司ON world开展的。其研究显示，随着低功耗、覆盖广的网络飞速发展，Wi-Fi，蓝牙，以及个人网络系统将占据传感器市场的主要位置。无线传感、追踪和控制设备的市场产值将在五年内达到350亿美元。由美国联合市场研究机构所开展的另一项研究预测，智能传感器的市场产值在2022年前将达到600亿美元。借助可用的网络连接，智能传感器就可以传输数据；同时，它还能够完成数据处理以及与外部设备的交互。这些传感器广泛应用于家用电子产品、汽车设备、医疗设备。此项研究还表明，传感器之所以会有如此大的发展，是因为家用电子设备使用率的增长、智能城市的建设以及物联网的普及。

就创造的经济效益而言，在接下来的几年内汽车上配备的传感器有望占据主导地位。而在市场份额方面，图像传感器占据着最大的份额，而触控传感器则占有最高的收入份额。根据此项研究，智能传感器在南美地区将会有极大的发展空间。对于品牌商家和营销商而言，在获得更高精度、更多数量的位置信息之后，他们便可以追踪更多的用户。这也是今后传感器最重要的营销卖点之一。消费者会蓦然发现，他们常去的地方遍布传感器以及其他追踪装置。

传感器无所不在

摄像机无所不在，这是亚马逊无人超市Amazon Go做出的众多承诺之一。经过一年多的内部测试之后，这种无人便利店终于投入使用。进店时，消费者只需要用手机完成身份验证后便可以开始购物；完成购物后，消费者离店时，自动结账系统开始触发，相关的费用将直接从消费者的亚马逊账户中扣除。这种模式与自助扫描+自助付款的常见模式截然不同，这便是追踪技术的功劳，这其中投入的追踪工作量极其庞大。亚马逊表示："这项技术与我们见到的自动驾驶汽车技术类似，主要结合了计算机视觉技术、深层学习算法、传感器融合技术。"

传统商店很早就开始使用监控摄像头了，比如，大型零售商会使用摄像头来观察客户的移动模式。近几年得益于"信标"之类的物联网传感器，追踪技术得到了极大的提升。了解停留时间（即顾客在店内逗留的时长）、常客数量、常客光顾的原因等都是对经销商大有裨益的。

在全美零售商联合会的年度展览会上，各种各样的店内摄像机大放异彩。其关键原因在于，店内摄像机的用途非常广泛。譬如，美国电话电报公司AT&T和三星公司的摄像机能统计消费者行进路线，从而绘制出一幅消费者移动模式的热点图。同时，日本电气股份有限公司也推出了自己的追踪摄像机。这种摄像机可以用于识别特定的消费者，对他们进行实时跟踪，并且能够通过显示屏向他们推送特定的信息。许多店内显示屏都内嵌了摄像机，它们不仅能够为顾客提供信息帮助，而且还能对浏览这些信息的观众的人口学特征进行统计。

当然显示屏内嵌摄像机已经不是新技术了，但其中的追踪技术却有了长足的进步。当前主要的市场发展目标是，通过面部识别技术实现针对特定目标的信息传输。但需要解决的问题是，有多少的消费者能意识到这项技术的存在，以及那些意识到的消费者如何应对。如果没有其他途径的话，至少通过亚马逊无人便利店，我们能够初步了解消费者的反应，尤其是当知晓自己在店里的一举一动都受到密切监视时，他们有什么反应。

面部识别技术仍然在飞速发展。松下公司将深度学习技术与面部识别技术相结合，推出了一款面部识别软件。松下公司表示，这款软件的面部识别精度很高，可以从任何角度识别人脸，还能辨识戴了墨镜的人脸以及一些以往技术难以识别的人脸。这种软件还设有智能对焦模式，可以自动调整焦距来拍摄最适合面部识别的"最佳照片"，随后，软件会将照片发给服务器进行面部识别。传统的面部识别系统会将所有拍摄下来的图像发往服务器进行识别处理。

但松下公司在发布的一份声明中提到，"装配有智能对焦功能的摄像机，可以直接完成图像分析与筛选的工作，而无须发回服务器进行最佳图片筛选，这将减轻服务器和网络负载，从而在整体上降低系统成本。"如果有10台或以上的联网摄像机连入该系统，会比其他不具备最佳拍摄功能系统减少40%到50%的成本。为了识别口罩遮挡等局部遮挡的人脸，松下公司还计划添加新功能。

松下公司会在2019年7月上市的系统中加入一个功能拓展组件，能让该系统同时记录的人脸数量增至30000张。松下公司表示，该系统可以用于机场或火车站，用来防范恐怖袭击。各式各样的传感器同样能够让企业获得各种各样的消费者反馈，不过说起来容易，做起来难。

可穿戴设备销量猛增

根据全球权威市场研究机构CCS Insight调研公司的预测，在未来几年里，可穿戴设备的销量都将以20%的年均增长率上升；截至2022年，上市的可穿戴设备数量将飙至2.43亿件，其全球销售额也将达到290亿美元；苹果智能手表的年全球销量将超过整个瑞士手表行业；中国儿童智能手表的年销量将达到2500万件；在接下来的5年里，中国听戴式设备销量预计达到3000万件。

一项研究表明，随着许多公司开始利用人工智能技术为消费级可穿戴健身设备收集实用信息，人们原本对这种设备的急切需求变得愈加明确。可穿戴健身设备市场也在不断增长，预计可穿戴健身服装领域和耳戴式健身设备领域将出现蓬勃发展。根据英国市场研究公司Juniper Research的报告，在未来几年里，可穿戴健身设备的出货量将保持60%的年增长率。换言之，在不久的将来，专业化可穿戴设备将会占据市场份额的25%。

最初，可穿戴设备只限于健身追踪，但后来逐渐向其他领域拓展，衍生出一些功能更加复杂的设备，最典型的例子莫过于苹果智能手表。虽然它并不属于健身追踪设备的范畴。随着时代进步，健身追踪设备基本上都"智能化"了。它们可以采集设备使用者的健康信息，譬如行走步数、心率和氧合指数等。对于健身追踪设备来说，当下的挑战则是如何保持用户的使用率。举例来说，根据一份研究，在所有无线健身追踪器Fitbit的使用者中，只有不到60%的活跃用户。

根据Juniper Research公司的报告，如果一种健身追踪设备想要继续在未来市场上立足，必须具备以下要素：

● 多样化指标——应当能够追踪多项指标，譬如心率、卡路里消耗量、移动距离、所处地点和行走步数。而为了做到这一步，就要对多种传感器微型化，并将它们集成到一个系统里。

● 人工智能驱动——一些公司标榜自己的产品由人工智能驱动，并以此作为促销卖点，这使得许多数据分析平台反而成了可穿戴设备的主要发布地。对于消费者而言，这些数据平台比产品本身重要。

● 追踪专业化——如今，一些可穿戴设备的应用领域针对性强，譬如智能跑鞋、生物特征跟踪智能耳戴式设备、专业型智能跑步手表等。这类设备本就不是为长期穿戴的目的而设计，并且价格也可能较为高昂。

根据Juniper Research的调查，人们最希望人工智能在可穿戴设备上发挥的作用之一便是能够为可穿戴设备使用者提供训练技巧方面的语音指导。人们希望可以直接从耳戴式设备中听到人工智能给出的建议。而说到语音问题，那涉及到了物联网的另一个领域，我们将在下一章节中进行详细讨论。

多功能智能手表

智能手表市场如今变得愈发复杂。自从2014年苹果公司推出苹果智能手表Apple Watch后，大众对智能手表形成的认识是除了显示时间外，智能手表还应该拥有更多的功能。英国市场研究公司Juniper Research把智能手表定义为一种在模仿传统手表外观的基础上，提供额外的数字化功能的腕戴式可穿戴设备。

然而，Juniper Research公司把智能手表分为两个种类。第一种是显示型智能手表，这种手表往往有一块电子显示屏，可以搭载某种操作系统，譬如苹果公司智能手表Apple Watch和谷歌智能手表Android Wear。第二种则是混合手表，这种手表的外形与传统手表无异，不过其互联功能非常有限（仅具备计步或者通知提醒等功能）。"化石"牌Q系列混合手表，脉柯智能手表，以及诺基亚旗下公司的智能手表Withings Activite等都是混合手表。不过，目前的智能手表市场上，还没有形成主导性的应用领域。Juniper Research公司的调查报告显示，智能手表的主要应用领域分布较为分散：健康监测（34%）、通信

（30%）、地图导航（28%）、社交媒体（16%）。

　　囊括上述功能的手表便是混合智能手表。根据最新的预测，截至2022年，会有8000万混合智能手表涌入市场。据国际数据公司（IDC）预测，到2021年前，混合智能手表的上市量会达到7200万只。但无论如何，这是一个庞大的数字。值得一提的是，随着混合智能手表的电池寿命越来越长，它所吸引的消费者人数会超过显示型手表。未来最受人青睐的智能手表未必要达到某个时期人们所认为的智能化程度。未来佩戴混合智能手表的用户所佩戴的不仅仅是一块计时器，而是连接过去与未来的纽带。

可穿戴设备市场现状

　　可穿戴设备市场形势也会变得十分严峻。研究表明，大众对可穿戴设备的兴趣还集中在健康状态监测和健身状态监测方面——至少就客户希望从设备上获取的信息类型上看是如此——不过，这些设备中却没有来自阿迪达斯的产品。目前看来，阿迪达斯公司已有了退出可穿戴设备市场的倾向。该公司关闭了数字运动装备部（专门研发可穿戴设备技术的部门）。阿迪达斯公司的一位发言人告诉我："为了深入推进我们的数字化改革，在这个活跃的经济环境下吸引消费者，我们重新制定了数字化战略方案，转而把重心放在数字体验上。在此种条件下，我们决定停止运行独立的数字运动装备部门。取而代之的是，我们正在把公司所有的业务领域进行数字化整合，并且继续钻研数字化技术，但要采取更加统一的方式。"

这一番话语表明，阿迪达斯要把可穿戴产品拓展到其他领域，但同时自身不再生产可穿戴设备。该发言人还表示："我们将巩固阿迪达斯应用程序的生态环境，并将停止健身应用程序All Day的服务。这也是我们把重心转移到数字体验上的表现之一。我们计划把主要精力集中在我们两大品牌平台上——跑步追踪应用程序Runtastic和阿迪达斯品牌手机应用程序，这样我们才能为用户带来最好的数字体验。"不过，阿迪达斯倒是和无线健康追踪器Fitbit公司有一份协议，由此看来，它应该还不会退出可穿戴设备的市场。

与此同时，诺基亚公司宣布他们正在进行"战略选择复查"，重新考虑有关可穿戴设备的项目，而这些项目是"诺基亚科技部"的主营业务。诺基亚已经销售过混合智能手表、测量器以及其他的一些数字健康设备。诺基亚公司表示，这次复查可能会带来一些"业务上或其他方面的改变"。可穿戴设备，尤其是健康追踪设备，由于其对多种活动（比如行走步数、心率和爬楼数等）的追踪能力，在它刚刚面世时，就备受消费者关注和欢迎。根据市场调研机构Market Strategies International的调查，美国近一半（48%）的成年人一次或多次体验过某些可穿戴设备。而在智能手表等其他设备陆续加入新功能时，可穿戴设备生产厂商亦不甘落后。为了继续保持其重要地位，可穿戴设备的先驱Fitbit公司收购了Twine Health平台————一个慢性疾病诊治咨询平台。

但Fitbit所面临的一种挑战就是保持用户的使用度。譬如，一项研究显示，在所有无线健康追踪器Fitbit的使用者中，年活跃用户不到60%。可穿戴设备日益多样化，可穿戴服装和耳戴式健身设备的种类增长最为显著。如今的传感器日渐微型化，技术水准不断提升，这使得愈来愈多的传感器获得了更为广泛的应用和更强大的监控能力。不过，无论是腕戴式可穿戴设备还是其他可穿戴设备，让更多的消费者穿戴在身上才有意义。而如今这一市场的发展目标仍然是保持用户的使用率。

虽然在有些地区可穿戴设备已经进入了转型期，但是它在中国仍然十分受欢迎。一开始，无线健康追踪器Fitbit在中国并不流行，但后来上市的其他追踪器，例如小米手环，价格更为低廉，也就吸引了大量消费者。2015年发售的苹果智能手表Apple Watch在兴起的中产阶级中也广受好评。美国市场研究机构eMarketer预计，截至2021年，中国将近1/4的成年网民将会经常性地使用可穿戴设备。该机构的高级预测分析师谢尔林·舒姆表示，"在中国，可穿戴设备的用户数还会保持一个较高的增长率，主要得益于较低的价格和上班族对新科技的追捧，同时，中国的可穿戴设备使用率也正在持续上升。"

对可穿戴设备的期望

一开始，能看见自己的行走、跑步或者慢跑的步数和公里数，抑或是一天里爬的楼层数，对于人们还是十分新奇的。后来这演变成了一种竞争性的活动。消费者可以看到自己的健身情况在同学、同事或者朋友间的排名。同时，可穿戴设备还进入了移动支付领域，因此，人们只需在收银台刷可穿戴设备就可以触发扣款机制。腕戴式设备可以通过触觉反馈来提醒用户，甚至可以发出免提式指示信息。市场调研公司Forrester调查用户想要获取的信息类别后发现，在所有可穿戴设备的潜在用途中，占主要地位的还是健康相关的功能。Forrester公司调查了美国3.3万的成年网民。

调查显示[①]，用户希望从可穿戴设备中获得的信息大致有以下几种：

● 30%——健康与健身

● 20%——通知和通讯

● 20%——旅游信息，比如免提式指引信息

---

① 调查时存在多选及其他不重要选项未显示的情况，故数据百分比相加总和不一定为百分之百。

- 15%——零售商品推荐，比如本地特色产品推荐
- 12%——监控功能，比如婴幼儿监控

同时这份研究还表明，1/4的线上消费者已经拥有一件可穿戴设备，而其中17%都是用于健康与健身方面。据预计，在未来的几年内，随着千禧一代成为这个时代的中坚力量，持有可穿戴设备的人数比例将会上涨到28%。然而，这个市场正在不断变化。在未来，占主导地位的可穿戴设备不会是健康追踪器，而应该是智能手表。根据Forrester公司的研究，截至2022年，可穿戴设备总销量有望突破4400万台，智能手表的销量将占50%以上。其他一些研究也得出了类似的数据。另一大推动物联网发展的因素是，越来越多的可穿戴设备变得独立，拥有了其独有的互联性，而这就减少了用户对智能手机的需求。可穿戴设备的种类和样式将会不断增加，其总量也会稳步上升。

有支付功能的可穿戴设备

可穿戴设备的功能在不断发展，有一项功能真正地提高它的使用率，这个功能就是支付。换言之，人们可以直接使用智能手表或者健康追踪器类似的可穿戴设备进行支付。根据一项研究，大部分（60%）的用户表示，他们对不接触式支付方式感兴趣，比如在健身时使用智能手表支付。这个比例

在千禧一代中则更高，对于在健身时使用可穿戴设备付款的功能，有80%的千禧一代消费者表示感兴趣。而在婴儿潮时期（1946～1964年间）出生的那些人中，该比例仅为38%。

该项研究是由美国Visa信用卡公司委托美国市场研究机构Wakefield Research开展的。为了了解美国公民的总体情况，这项调查选取1000名成年人的典型样本。调查表明，大约一半（49%）的消费者表示，尽管他们都曾经想在锻炼身体前或者锻炼身体后马上购买商品，但受制于没有合适的支付工具，他们就无法马上完成购物。在千禧一代中，则有更多人（70%）有同样的感受。一半以上（57%）的消费者表示，他们在锻炼身体时会随身携带支付工具。

以下是消费者在锻炼身体或健身时放置支付工具的位置：

- 56%——衣服口袋
- 32%——袜子或鞋子里
- 24%——裤子或者短裤的腰带内
- 24%——内衣里，比如贴身衣物或者文胸内
- 18%——一直攥在手里
- 8%——帽子里

比起14%的婴儿潮时期的人，大约有1/3的千禧一代会选择把支付工具放在内衣里。大多数（71%）美国人在健身时都随

身携带一种支付工具，但只有不到1/3（28%）的人用的是智能手机或者可穿戴设备。考虑到大多数健身爱好者都会随身携带智能手表或者健康追踪器，因此在支付领域，可穿戴设备拥有较好的发展机遇。

位置数据的利用

确定消费者在某一时间点的位置，并根据实际情况发送针对性信息，这是很长一段时间里商品营销的努力方向。几年前，"信标"技术开始在推销商品方面发挥作用，再加上Wi-Fi定位和GPS定位，我们在获取个人位置这方面有了一些进步。诸如零售手机营销平台Inmarket和飞利浦照明公司已经找到了一种技术，能够把购物者周边商品与他们的位置关联起来，以此来提高某种商品的销量。Inmarket使用的是信标技术，飞利浦照明则使用了联网的灯具。联网技术能够把数十亿台传感器连接起来，以此提供海量的、精确的消费者位置数据。然而，这个理想在当下还不会成为现实。

基于地理位置的广告营销公司Verve委托Forrester公司对北美地区的200位营销决策者开展了一项调查——这些人在广告方面的年投资额超过2.5亿美元。

该调查表明，目前，广告商们在利用地理位置信息进

行产品营销时遇到了难题，因为移动营销完备程度不一，
地理位置分布分析所需要的信息源和技术较为复杂。他们
所遇到的难题如下：

- 34%——位置数据不准确

- 33%——不了解如何用位置数据来推送相关的信息

- 30%——缺乏对实际第三方供应商或零售商的清晰
了解

- 29%——公司内部人员认为媒体营销的工作存在重叠

- 28%——难以找到适宜的目标群体

- 28%——难以把位置数据与其他客户数据结合起来

- 27%——在采集位置数据时缺乏公开性

- 27%——难以把获取的数据发回到数据处理平台

- 27%——难以形成一定的规模

- 25%——缺乏对位置数据来源的清晰认识

物联网不会把上述的问题全部解决，但是，它可以在定位
消费者方面起到一定作用。毕竟，即使是高端的位置追踪技
术，在真正需要其发挥作用时，人们发现它依然离不开传统定
位技术。

对位置追踪技术的不信任

物联网包含了许多新的事物，也包含了许多旧的问题。一个夏日的周末，许多高桅横帆船驶入波士顿港，来参加一个名为"波士顿航游"的大型活动。这是2017年高桅横帆船赛船会的部分内容。这是一项庆祝加拿大联邦150周年的跨大西洋竞速赛，它规划的航道有7000海里，途经6个国家，其中波士顿是唯一的美国节点。参赛的55艘船只中，最古老的造于1893年，最新的在2016年才被制造出来。我花费了一些时间参观了最重要的两艘船：295英尺①的美国海岸警卫队"鹰"号和379英尺的秘鲁"高桅联盟"号，后者是船队中最大的船。通过这次参观，我见到了很多古老技术与先进技术。

"高桅联盟"号这艘造于2015年，满载250位船员的新式船是完全依照物联网模式打造的。它的舰桥里配置了最新科技和设备。整艘船上遍布的传感器，将搜集到的包括当下产能量、耗能量、储水量以及其他各系统情况（譬如处于运转状态还是停转状态）等信息都投射在舰桥的大屏幕上。屏幕上还会显示各种数据图表、速度、深度和其他测量数据，配备键盘和多种通信系统。这艘船在设计之初，就应用了联网技术来实现操纵、导航和其他

---

① 1英尺=0.3048米。

功能。但在舰桥里面的一张大桌子上却铺着一张巨幅纸质图表，上面摆着直尺、铅笔等手动绘图工具以及其他你能想到的古旧工具。带我游览的船员告诉我，他们不完全依赖于那些现代科技，并且在规划航线的时候，他们使用的都是纸和笔。我问他为什么有了最先进的技术，他们还要用纸和笔来规划航线呢？"我们不敢完全信任那些技术。"他回答道。

美国的海岸警卫"鹰"号建于1936年，目前供给学员作训练船用。而就在这艘船上，我也发现了类似的情况。它不像"高桅联盟"号那样使用传感器，而是利用摄像机来监视船上的每一个重要部分。在驾驶室内，有一个荧幕上显示着所有摄影机的画面，还有一个电视大小的大屏幕，显示了甲板下方的船员会议室的情况。这艘船配备了所有必需的导航技术。但是，根据海岸警卫队少尉埃里克·约翰逊所说，在海上的训练过程中，这些功能会不时关闭，以此培养学员在没有科技支持的情况下自己导航和驾船的能力。这些学员学习了如何使用科技设备，却被要求在训练时不能使用这些技术。

与此同时，根据《日本经济新闻》的报道，日本的造船商正在尝试研发一个人工智能驱动的转向系统，该系统采用了多种物联网技术，可以同时采集并分析海上天气、船体信息、危险障碍等数据。这种智能船只可以利用人工智能来预估可能出现的故障，并规划出最节省燃料且安全的航线。为了建造这样的船只，造船商计划为其安装两百余个自动导航系统，而未来的最终目标则是造出完全自动、无须人工操作的船舶。但充满讽刺意味的是，就在东京湾外，一艘日本货轮和美军的驱逐舰相撞。国防专家在《每日邮报》上称，和许多船只的海上行驶情况一样，这艘货轮当时正处于自动航行状态。

人工智能和物联网技术正被不断应用到各个领域，从轮渡到零售业、汽车业、旅游业、医疗业。然而，在技术腾飞的当下，人为因素和人机交互仍然有着重要的作用。如果"高桅联盟"号侦测到了一个问题，解决问题还得靠人。尽管海岸警卫"鹰"号上的摄像机功能强大，但还是需要人去查看监控视频。得益于联网设备，我们的自动化水平正在提升。但同时，检查这些自动化设备的人力需求也在增长。

实地身份认证

互联设备提供了许多新式安保手段，能在消费者购物时更好地保证交易过程的安全性。生物特征识别技术也正在发展当中，并将提供新的方法来核实身份信息。其中一种方法就是指纹扫描。根据英国市场调研公司Juniper Research的研究，在2013年，只有两款智能手机安装了指纹传感器，但如今，超过两百款智能手机具有指纹扫描的功能。

另外，还有一种方法是双因子身份验证。譬如，消费者持有一个实物（比如信用卡），然后还得需要拥有虚拟的识别信息（比如密码或者个人识别码PIN）。另一种双因子身份验证方式是手机+短信验证码。从Galaxy S8开始，所有的三星手机都安装了另一种身份认证形式：虹膜扫描。手机附近的"信标"也可以用来确定一部手机的具体位置。

许多技术创新的目标都是让交易过程更加安全。根据Juniper Research公司的调查，大约有20亿的移动设备支持生物特征的支付方式。此外，还有声音识别技术。据花旗银行表示，不到一年时间，在其亚太地区的分行，超过一百万的储蓄客户使用了它们的语音认证服务。物联网把很多事务自动化，而其中一项重要事务便是支付。越来越多的先进技术开始支持人体植入芯片。在瑞典和比利时，一些公司正在研究这项技术。在植入了芯片后，人们只需要挥一挥手，就可以完成支付，或者开启门锁。在美国，也有在人体内植入芯片的案例。而互联设备和信息传输设备将不会局限于植入式芯片，会越来越多地安装在消费者时常经过的地点，比如商店内的货架上。

货架传感器

全美零售商联合会的展览会上展出了各式各样的互联设备或智能设备，其中就有智能货架。智能货架早已出现，不是什么新鲜事物。但传感器和网络的发展却使它变得更加实用。

在展览会上，我看到许多公司展出了它们研发的智能货架。十分有意思的是，松下公司与日立公司合作推出了智能货架Powershelf服务。如此一来，零售商就能在不用实际购买货架的情况下，获得功能齐全的智能货架的使用权。这种货架基本上就是一个完整的联网设备，它可以为上架的商品创建电子价格标签，就像许多商店里采用的纸质价格标签一样。

其中的关键技术就在于联网。Powershelf的首席执行官约翰·赖特在会展上告诉我，当顾客从货架上取下商品时，存货系统会被自动触发，然后会提醒工作人员，有顾客曾考虑过购买这件商品。当一个货架上没有商品时，系统会向工作人员发出补货提醒。如果一件商品的存货量较多，系统会给出一定的优惠信息，比如说，当消费者取下一件商品时，价格标签上会显示"买一送一"。如此一来，商家就可以根据存货量的多少，灵活调控价格的高低，以此来更高效地适应供需关系。我还看到货架上还装有"信标"，这样在顾客走近货架时，系统能够自动向顾客的手机上推送消息。物联网正在为购物方式带来全新的变革，销售商品的每一个环节都必将受其影响。

在零售业中的应用

因为智能货架可以在顾客取下商品时显示动态价格标签，所以，越来越多的零售商开始对智能货架产生兴趣。有些货架上装有"信标"，可以在消费者允许的情况下与他们进行交互。但是，智能货架只是其中一种联网设备，尽管它广泛地应用于各种商店来存放商品。但当我游览了全美零售商联合会年度大展的各个展厅和通道后，我意识到，各种联网设备都将出现在大量的商店里。许多服装上加装了可追踪标签。在展会上已经展出了各种各样的感应标签，比如挂在衣架上的连衣裙和其他衣服上悬挂着醒目的感应标签。传感器也可以安装在LED灯上，比如飞利浦照明公司生产的灯具。即便顾客附近有很多商品，这种灯具依然可以准确找到顾客的位置。

三星公司展示了一种传感器，其功能远远强过上述的感应标签或其他追踪设备，它可以对商品进行追踪，从而绘制出商品移动的热点图。软银集团的仿真机器人Pepper中装有一种传感器，不仅可以识别出一个人的人口学特征，而且可以判断这个人是否在笑。早些年，有人在商品上安装昂贵的传感器，为的是让收银台自动识别商品信息，并且在需要的情况下，方便顾客用智能手机或手表完成支付。如今，这种传感器已经廉价了不少。思科公司向公众展示了这样一套传感器如何在实际应用中发挥作用：在地面安装小型天线装置可以起到"信标"的作用，而不必在商店各处安装信标装置。这个展会最有意义的一点是，所展示的智能设备和互联设备不再一味追求新奇。这是一个好迹象，因为这说明当今的产品展示和讨论已经越来越少地关注新技术本身，而更多地看重技术创新所带来的益处和对未来的影响。终有一天，人们会把传感器在服饰上的用途发挥到极致。不过只有在消费者市场成熟时，这一天才会到来。

可追踪服饰：距离现实一步之遥

利用服饰内置的传感器来追踪消费者的功能，看来是不会在里昂比恩公司（L.L.BEAN）的产品上出现了。许多出版报刊都曾经报道，该公司将会在今年年末时直接对消费者进行可追踪服饰的测试。但如今，里昂比恩公司却表示，他们停止了这项测试。该公司总裁肖恩·戈尔曼告诉我："我可以很明确地说，里昂比恩公司不会向消费者出售带有追踪功能的服饰。我们可能会寻找志愿者测试我们的产品，但这种测试不会让普通消费者完成。"Loomia公司是一家基于区块链技术生产智能纤维的企业，它此前曾宣布与里昂比恩公司达成合作，把这种智能纤维推广给缅因州的零售商。这种智能纤维技术可以获取服饰穿戴者的信息，譬如温度、湿度以及服饰各部位磨损情况。之前相关报道表示，里昂比恩公司计划应用此种智能纤维制造靴子和外套，并通过以太坊的区块链技术对产品进行追踪。这种纤维或许可以获取穿戴者的步数和其他信息。

很多媒体从里昂比恩公司创新部门的一位员工口中得知，这项追踪项目原定于今年年末实施，并召集志愿者进行产品测试。但公司的一个发言人却告诉我："媒体上有些报道声称，里昂比恩公司会向消费者出售内嵌追踪传感器的产品，这是完全不属实的。我们不曾也不会出售那些可以追踪消费者购物行为、移动路线或者收集任何统计信息的产品。这种追踪一直都只存在于概念上，并且仅仅旨在测试我们的产品质量。我们不会对普通消费者进行实地测验，而且，测试也只会在极少数志愿者中进行。此外，我们的最终目标也并非是产品测试。"

内嵌传感器的服饰已经存在一段时间了。在全美零售商联合会年度大展上，利瓦伊·斯特劳斯向我们展示了牛仔裤上的无线射频识别（RFID）标签。有了这种标签，零售商就能够实时追踪货物库存情况。这种标签的另一用途是对消费者在更衣室里试穿的衣服进行追踪。不过，这项技术仅用于店内追踪。里昂比恩公司正在处理用户对于"取消终身质保"政策的反馈意见，不过该公司允许消费者一年内凭收据办理退货。

综上所述，传感器正在逐渐应用于任何可移动的物品上，包括服饰，甚至包装好的商品上，这便是物联网的发展现状。但传感器技术成熟时，市场却没有做好接受它的准备，里昂比恩公司的案例就是极好的证据。里昂比恩公司发言人说道："我认为这项技术有些太过于超前了，我们也了解过市场上的其他技术，但形成一个概念和主动去实现这个概念却完全不同。"目前而言，消费性可追踪服饰似乎还只能停留在概念阶段，至少对于里昂比恩公司来说，这是不争的事实。有时候，技术发展之快会超过市场的接受速度。

店内的传感器

新的技术将会加速消费者的购物进程。然而，其来势与其说是像行进的货车不如说更像是席卷的冰川。根据英国市场调研公司Juniper Research的一项研究，智能收银系统包含了许多不同的技术，比如完全无人收银台、基于收银台的自动支付系统、自动货物扫描和包装技术。有了各种传感器和图像识别技术的支持，这种智能收银系统才得以实现，尽管大多数技术仍处于试验阶段。未来的设想是，消费者进入商店，选购产品，完成购买后，可以避开收银台前的队伍，更快地付款离店。在苹果商店里购买过商品的顾客应该都有过类似的体验：消费者可以直接向过道上的销售员，甚至是导购员付款。亚马逊无人便利店Amazon Go让这个理想提升到一个新高度：Amazon Go会对消费者的购物过程进行全程跟踪，会在消费者离店时自动扣款。

根据Juniper Research公司的研究，在未来的5年内，由智能收银系统经手的交易额将超过780亿美元。据这份研究预测，使用这一系统的零售店数量庞大，在5年内将超过5000家。此外，使用自助扫描商品的收银应用程序的用户数量也将增加，在5年内预计达到3000万人。

　　然而，想让零售商甘心应用这种技术，必须要给予他们一些回报。据Juniper Research公司预计，截至2022年，这种新型的"隐形支付"技术将会使每位零售商的收入平均增至300美元。该项技术包含了自助收银应用程序和自动扫描功能，相较于那些综合性更强的物联网技术，这些都是十分基础的功能。但是，由于成本高昂，投资回报压力大，全面推广智能收银技术的进程必将是缓慢的。在此期间，消费者可以继续采用网上购物方式或去实体店购物。不过，为了避免实体店排队结账的不便，消费者可以采用先上网预定商品，然后采用邮递的方式收货，或者到店自取。这两种方式都可以尽快从商店里购买到商品。同时，传感器的发展也迫使商家做出一些改变，以此来适应消费者新型的购物行为。

联网消费者

　　根据一份预测，截至2021年，零售商们将会把总计120万件"物品"连入物联网，其中包括他们售卖的产品、数字签名，以及最为重要的蓝牙"信标"。Juniper Research公司表示，与过去相比，物联网增长了350%，这也就意味着，零售商们未来的主要竞争点将集中在以下三个方面：

　　● 顾客行为：物联网的作用即在于，从个体层面分析消费者的行为，而不是像以往一样，仅仅停留在宏观的设想上。这一理念将会极大地改善顾客与商户的关系，并提高销售转换率。

● 顾客体验：改善顾客体验的必要性在于，保证消费者在以往消费体验的吸引下，再次回到同样的商铺进行消费。而为了做到这一点，一些新兴而尚未成熟的技术至关重要。

● 供应链：供应链与营销商的相关度是最小的，但为了更好地做到以上两点，就需要对供应链深入了解。

在"顾客行为"方面，蓝牙信标可以说是里程碑式的突破，尤其是在谷歌的开源蓝牙信标Eddystone上市后更是如此。蓝牙信标使得信标本身可以与谷歌物联网Physical Web进行交互，这样用户就不需要为了接收信标推送的信息而特地下载某种应用程序。这种功能已经在市场上引起了一些反响。位于波士顿的Swirl公司是一家广告平台公司，它是最早宣布与谷歌信标合作的大公司之一，这就为大规模实施"邻近营销"战略提供了一种自动化手段。在信标项目尚未推广期间，消费者仍需要在手机里下载特定的应用程序，并且在处于信标范围内时开启蓝牙。此外，许多信标项目都是十分封闭的独立网络，缺乏大规模行业标准。但如今，谷歌大规模信标平台已经与Swirl公司的销售平台实现对接，由此，谷歌将以其全新的标准改变整个行业现状。

对于那些不了解技术的零售商和品牌商家而言，谷歌和Swirl公司的合作刚好帮他们解决了位置信息和店内顾客体验的问题。不过，信标设备只是未来数十亿件联网设备的一部分，这些设备和技术将会大大改善消费者的购物体验。同时，物联网技术也会为零售行业带来极大变化。全美零售商联合会年度大展上的智能货架本就有库存追踪、实时价格调整的功能，现在再加上信标，它就可以真正把消费者与商品连接起来。不过，在飞利浦照明公司的互联灯具的帮助下，这个设想已经在法国的家乐福超市变成了现实。研究表明，消费者大多数的消费行为都是在实体商店中完成的。而得益于物联网，商店与顾客之间的交互愈加频繁。有了信标之类的店内传感器，营销商便有机会提高发送给消费者的推销信息的质量了。

广告业中的信标

营销商往往会根据消费者的地理位置来选择推销目标，这已经不是什么新鲜事了。但是，随着时代发展，得益于多种传感器，尤其是信标所采集的数据，位置信息已经得到了极大的改善。宣传广告的发布通常也受到消费者移动模式的影响，比如一个人在特定的一家店铺或快餐店停留的时间、从哪个方向进店、离店后又去向什么地方等。信标生产商Gimbal的首席执行官罗布·埃姆里希称，原先隶属于高通公司时，Gimbal公司专门为体育馆之类的大型场馆生产产品。但它之后被一家洛杉矶的移动广告公司The Mobile Majority收购，并与之整合到了一起。罗布后来还给了我一份收购方案的大纲。对于Gimbal公司而言，归属地很重要，因为通过归属地，广告宣传才和人们的去向、在某处停留的时间有了关联。罗布告诉我，这种关联背后的原理就是判断顾客是路过一个商店，还是停下脚步走进了店铺。如果顾客进入店铺，还需要统计他们停留的时间和离店后的去向。

他说："位置信息如今正变得愈发重要，它可以让广告商更加精准地投放广告。其中一种方法就是使用信标。Gimbal利用电子围栏和信标技术来进行GPS追踪，其中的信标则与超过3500万移动设备上的应用程序相连。我们的工作，就是锁定目标客户，然后投放对应的广告。消费者需要的也正是精准的广告信息，而且他们也想知道，他们的社交媒体是从何种层面上使用他们的位置信息的。他们想知道"有没有人在看了这则广告后就马上购买了"。而The Mobile Majority公司已经拥有了一个媒体服务订阅平台，Gimbal又拥有能够提供位置信息服务的基础设施，两者的合并自然造就了一个数据和软件公司，成为一个专注于基于位置的媒体服务供应商。但是物联网领域中，信标还不是终极追踪手段。终有一天，任何移动的人或物都可以被追踪到。而物联网的真正价值便在于所有数据的整合。哪里有信标，哪里的信息就会被收集到，哪怕在机场也是如此。

伦敦机场的信标

零售店内安装的信标已经通过了各种各样的测试和考验，并且获得了大范围的应用。信标的设计初衷是根据位置推送相关的信息，并基于这些信息收集各种反馈数据以供日后之用或其他用途。但是，信标也可以直接为人们提供方向引导和帮助。这也正是英国盖特威克机场安装信标的目的。这个机场安装了2000个信标，以此来提供可靠的室内"蓝点"地图。盖特威克机场还应用了另外一种物联网技术：增强现实寻路工具，这样旅客就可以从自己手机上的摄像机视角看到导航信息。机场负责人表示，盖特威克机场不会收集任何私人信息，但是一些关于不同信标区域人群密度的统计信息可能会被用于提升机场运营水平，比如，利用这些信息来调整旅客队列，减缓拥堵现象。

在营销方面，零售商和其他第三方卖家或许会使用信标检测临近是否有顾客，并且对愿意接收的顾客推送相关的资讯和促销信息。盖特威克机场的IT广告与创新部门主管亚比·查科说："能成为第一个应用增强现实技术的机场，我们感到十分骄傲。同时我们也希望，我们的做法能够影响其他机场和交通产业，并最终使这种技术成为一种规范。"盖特威克机场还在与航空公司进行商谈，希望在航空公司的手机应用程序中启用信标触发式寻路工具。虽然这些信标并不能避免航班延误，但至少在乘客候机的时候，它们能帮助乘客找路。消费者去哪里，哪里就有各式各样的传感器。

互联冷藏柜

物联网正在对零售业的方方面面产生影响，而有些影响已经初见端倪。如今，我们已经有智能更衣室、过道自动支付系统、信标以及其他消费者追踪技术，比如上文中提到的互联照明灯，这种灯可以在厘米级精确度下定位一部智能手机。研发这些创新技术的公司召开了一个企业领导会议。会上他们介绍了各自的发展战略，并讨论了物联网的各种问题、新技术在工业中的常规应用（比如美国通用电气公司在喷气发动机研发方面的技术应用）。此外，他们还探讨了一些面向大众消费者的产品。

这场会议由剑桥麻省理工企业论坛在麻省理工媒体实验室举办，其中最有意思的部分在于参会者对零售业的讨论。在题为"互联零售业：基于物联网的经营模式"小组讨论中，监控系统供应商Oncam公司的美洲区域总裁琼布·埃杜贝赫拉姆向我们展示了该公司的360度视角技术。借助该项技术，零售店内的不同消费者可以从一台设备上同时观看不同角度的店内重要区域的影像。这种监控摄像头还能用于追踪、分析队伍长度，生成热点图，并统计商店各区域的顾客数量。智能LED灯公司

Digital Lumens的产品管理和营销部门的副主管卡南·赫戴亚展示了另一种店内追踪设备。他们生产的互联灯具不仅可以追踪店内货物，还可以指引顾客找到自己想要购买的商品。

这场讨论中最吸引人的是安装于冷藏柜上的显示屏。现在已有2500台百威啤酒冷藏柜门上加装了这种设备。数字标牌软件公司Aerva的创始人兼总裁桑杰·马南达尔告诉我这个显示屏内装了多种物联网传感器，用于监测温度、门的开关情况、产品的相似度等数据。他还补充道，该设备上的信息发送系统是由位于圣路易斯市的安海斯—布希公司统一管理，因此，显示屏上甚至还可以显示动态价格。而10年前由麻省理工学院校友会创立的Aerva公司则提供了数据收集和屏幕显示技术。不像其他透明的啤酒冷藏柜门，百威冷藏柜的柜门则使用电子显示屏代替，显示屏上可以根据不同的地区播放不同的广告，比如产品图片、视频、动画等。安海斯—布希公司成功地打造出一个独有的数字化冷藏柜网络，可以人为调控冷藏柜附近消费者的购物体验。在营销领域，诸如此类的物联网创新技术层出不穷，为消费者带来了全新的人机交互体验。

还有其他的一些饮料冷藏柜也建立了类似的网络。如今，美国电话电报公司正在让世界各地的红牛饮料冷藏柜连成网络。而据该公司表示，互联冷藏柜的用途则是提供基于机器情况、气温统计、地理位置信息的数据。从营销的角度看，这些由世界各地的冷藏柜收集而来的信息，将为追踪客流量提供有力的支持。每当柜门开合时，内置的监视器便会记录相关数据，并且将其发送到美国电话电报公司的控制中心，再由控制中心处理来自每一台冷藏柜的数据。

不过，这并不是第一例互联冷藏柜。那2500台百威啤酒冷藏柜已经内置了各种传感器，从而可以测量温度、门的开关情况，产品的相似度等。正如桑杰·马南达尔所说的，百威啤酒冷藏柜的柜门改成了电子显示屏，在上面可以根据不同的地区播放不同的广告，比如产品图片、视频、动画等。无论哪一种冷藏柜，都有着共同的功能，即追踪货品库存和每件货品的情况，从而帮助工作人员更早地发现问题。对于营销商而言，这种设备的附带作用却显得更为重要，因为这种设备可以依据消费者位置对消费者行为与特定产品的关联度进行实时追踪，这也是物联网的重要优势之一。此外，传感器还能应用于产品包装。

互联包装袋

在物联网的影响下，人们设计和使用了数十亿件耐用型传感器。但如今，一次性互联设备或者短期互联设备也正在兴起。互联手环（按迪士尼的叫法是"魔法手环"）可以让游客进入迪士尼主题公园园区、开启旅馆门、购买食物和纪念品。波士顿的科学博物馆有一种带有条形码的手环，尽管给手环印上条形码不是什么难事，但这足以让观光者在扫描条形码后，获取计算机对他们步态的分析。游客还可以在特定入口处利用"面部识别"技术办理入馆手续，然后他们就能够知道，哪种动物让他们的瞳孔发生了变化。离开博物馆后，游客们还可以用他们的手环编号在网络上查询他们的博物馆之行。

现在，短期联网设备已经发展到了一个新的高度。该项技术目前用在了"超级碗①"的观众身上。美国玉米片生产商Tostitos目前生产了一种特殊包装袋，这种包装袋的商标附近内嵌有"近场通讯"芯片，其中含有酒精检测传感器。这种"放心聚会"包装袋由旧金山市的一家广告公司Goodby Silverstein and Partners研发，其正面有一个方向盘形状的灯，并附有"请勿酒驾"的字样，以此来提醒人们不要在酒后驾车。包装袋上装有智能LED灯，可以用不同颜色来表示使用者的状态。

该公司的创意部门主管罗杰·巴兰说："我们的包装袋上有着酒精传感器、智能LED灯，以及定制的电路板。这种电路板实际上是一个微型控制器。"另一位主管山姆·卢凯尼说："我们的系统已经经过校准，可以检测出一个人呼出的气体中哪怕最细微的酒精量。其中的电路板控制着智能LED灯，能根据实际情况呈现出不同颜色：蓝色表示待机状态，红色表示检

---

① 美国国家美式足球联盟（也称为国家橄榄球联盟）的年度冠军赛。

测到酒精，而绿色表示未检测到酒精。包括传感器、电路板、LED灯和电池在内的整套系统都整合到了包装袋上。这个包装袋的生产过程也较为特殊。这种包装袋还有限量版，限量版包装袋顶上会有一个小圆环，上面显示着'请往此处吹气'，包装袋反面印有操作说明，提示使用者等待一个完整的蓝色圆环出现后，然后朝包装袋两英寸①远的位置处吹气，就是写着'此处吹气'文字旁边装有传感器的地方。"

Tostitos和"反醉驾母亲"协会合作，为25000名"超级碗"观众提供每人10美元的优步网约车服务代金券。苹果手机用户先扫描包装袋上的条形码，获取验证码后，把验证码输入优步应用程序里即可使用，而安卓手机用户则可以直接扫描包装袋上的条形码，即可激活优步应用程序。这种互联包装袋至少可以成为观众之间绝佳的谈资，当那25000位观众看到玉米片包装袋上红灯亮起时，他们就不会醉酒上路了。如今的传感器体积愈加微小，做工也愈加精细，几乎可以安装到任何地方，甚至可以内置于药品。

互联药片

互联药片已经问世。美国食品与药物管理局已经批准了

---

① 1 英寸 =2.54 厘米。

第一批运用可吞咽追踪系统的药品。这种智能药片叫作Abilify MyCite，其中含有记录药物消化情况的传感器。当然，这种药片自身是没有任何药效的，它采集的信息会发送到某件可穿戴设备上，然后再由此传输到手机应用程序里。这款产品的理念是，让病人通过智能手机就可以看到药品在自己体内的消化情况。这种可追踪药片目前专门用来治疗精神分裂症。

不过，可追踪药品已经有许多年的历史了。早在2008年，麻省理工科技评论上发表过一篇文章，评述了一家新兴的硅谷企业。这家企业研发了一种系统，可以利用传感器监控病人用药后的身体反应，以此来鉴别药品的吸收情况。比如，医生或者保险公司可以追踪到某种药品的吸收情况，这样一来，他们可能就会人为地监控药物的使用，方便医生管理、保险公司监督。当然，这种技术确实存在一些意外情况以及许多隐患问题。报告中还提到，由于药片发送信息时需要通过皮肤组织，并且可以被远程截获，这会给一些想要获悉员工用药情况的公司以可乘之机。

"自愿"变为"契约"

针对不同的商业模式，传感器可以有完全不同的用途，而这些用途几乎是无限的。不断进出商店、在购物区闲逛的顾客对于零售业意义重大，这就为传感器的应用提供了契机，而对于客流量大的快餐餐馆而言，亦是如此。传感器的另一大用途则是家用电器维修，这个内容我们在之前章节里已经讨论过了。我们需要记住的是，传感器几乎可以用来追踪任何人、任何物品。但是我们可以追踪，并不代表这个人或者物品应该被我们追踪。这一点至关重要。

对于这一点，每一个营销商再清楚不过：所有对个体的追踪都必须建立在对方获准的基础上。然而，这个获准的过程可能隐藏在用户细则那些难懂的条款里，可是消费者大多在不仔细阅读的情况下就同意了。在互联网时代和移动电话时代的早期，这种方法也许还行得通，但在物联网时代却未必。

在这个第三次技术革命的时代，原有的"自愿"理念终将被淘汰，取而代之的是"契约"理念——至少我是这么称呼的。依照"契约"理念，厂家必须要让消费者相信：他们的"价值主张"意义重大，因此消费者同意在合适的时间、以合适的方式接受产品的互动。而这也就意味着，商家销售给消费者的是未来的获利，并且商家需要提前预测消费者的需求。相比于让用户接受一些条款，或者同意那些高端的营销术语，这可要难得多了。订立契约是个人行为，而商家必须要赢得消费者的契约。企业需要提前找到自己的"价值主张"，并且尽可能地去说服消费者。总之，这次技术革命带来的是更少但更好的消费者群体。由于传感器的大量使用，商家与顾客的交互方式以及彼此之间的关系产生了变化，而这将会迫使所有商家重新考虑赢得消费者青睐的办法。

传感器让我们可以更有效地追踪到人和物品，并确定它们之间的联系。

譬如，法国家乐福超市灯具中的传感器可以给邻近的手机发送信号，以此来准确地定位顾客的位置；其他传感器则用来追踪商品库存，从而把这两项功能结合起来。亚马逊公司也正在把类似的技术应用在无人便利店Amazon Go里的监控摄像头上。我在本章的前面内容里也提到了其他例子。

传感器的价值不在于它的技术，而在于它所带来的全新能力将会依据消费者当前、过去和可能到达的位置信息带来全新的商家与消费者互动方式。而这些信息的来源便是传感器。传感器的成本一直在变化，所以，也许今天某种传感器性价比不高，但将来它或许会带来巨大收益。另一大需要考虑的因素是，消费者将会愈来愈了解哪些活动可以被追踪，并且会希望追踪方给出适当的解释。而企业应当有这方面的远见，及早向消费者做出宣传。以下是一个大致的传感器清单，你可以根据这份清单来决定什么时候使用、如何使用、是否应该使用传感器——无论是针对人，还是针对产品。

传感器清单

产品的追踪

产品与服务的追踪

确认产品是否可以被追踪

确认产品是否应该被追踪

确定每件产品的追踪成本

确定每件产品未来的追踪成本

确定传感器是否能二次使用

规划传感器的安装位置

确定环境是否允许传感器被追踪

检查传感器技术是否需要更新

了解其他企业过去利用传感器的方法

了解其他企业正在何种领域使用传感器

从信息集合中分离出个体信息

详细列出最坏的情况

消费者的追踪

确定目标消费者的范围

找到价值主张

在消费者身上测试确定的价值主张

沟通，沟通，以及沟通

确定可以被追踪的消费者

找出那些绝对不会同意被追踪的消费者

从信息集合中分离出个体信息

制定隐私条款

制定传感器的道德政策

发布并推广隐私政策

另外，还需要做一个小小的补充：由于消费者在购物后往往把产品带在身上或放在家里，而对于那些放在家里的产品，商家一定要把产品的追踪功能详细地告知消费者。通过本章你应该了解到，任何物体都可以被追踪到。不过，物体是否应该被追踪，这就是另一个层面的命题了。传感器的重要性在于，它可以提供一些数据，而这些数据可以被获取、分析，并最终转化为商家的远见。而其中的分析工作，很大一部分都是由七大创新中的人工智能完成的，我们将在下一章中对此进行详细讨论。

DIGITAL
TRANSFORMATION
3.0

02
机遇和挑战并存：
人工智能商用时代

多年来，人工智能一直以各种形式存在。技术和通信近年来的飞速发展使得人工智能进入了商业实用阶段。随着计算处理能力的提高以及数据量的急剧增加，巨量数据实时处理已成为可能，也为消费者提供新的消费服务。早期的例子，比如亚马逊通过对某位顾客与其他购买相同商品的顾客进行比较，对其提出购买建议，这是一种预测模型。在与数百万他人行为数据比较的基础上，计算机可以非常准确地预测某人的未来行为。从这一点来看，电视数字录像机Tivo[①]做了完全相同的事情，根据消费者过往的观看方式，它会自动记录节目，而且在通常情况下，它记录的节目确实是消费者喜欢的节目。

　　高级人工智能包括机器学习这项内容，计算机无须通过明确编程就能学习东西。人们提出机器学习这个概念已经有50多

---

① 　Tivo是一种数字录像设备，开发者是迈克·拉姆齐。

年的历史，现在的数据处理能力和采集能力使得它越来越有用，与我们的生活也越来越密切。许多公司都开始使用它的先进功能，开拓相关市场。史泰博（Staples）公司的轻松按钮就是其中一个实例，它将IBM公司的Watson开发成为一套认知排序系统。有关人工智能的虚假宣传很多，但真知灼见也不少。本章旨在让读者认识到，在人工智能发展过程中，机遇和挑战并存。

商业愿景

许多企业领导都想在自己的公司中使用人工智能，但很少有人能真正付诸实践。其中一个主要的挑战是，许多公司不知道如何将人工智能简便地运用到他们的业务中去。尽管很多企业领导都对人工智能感兴趣，甚至想将其运用到具体业务中，但大多数公司（69%）并没有做到，另外有17%的公司态度模棱两可，只有13%的公司表示目前正在使用人工智能技术。

然而，对许多人来说，人工智能是大势所趋。一项由埃培智集团（Interpublic Group of Companies）旗下的民意调研咨询公司KRC Research与自由职业者管理平台WorkMarket合作进行的研究项目表明，43%的企业领导称，在未来3到5年内，他们将运用各种类型的人工智能。该项研究对来自4个行业的200名企业领导和200名员工进行了调查，这4个行业分别是传媒和出版业、金融服务业（包括保险业）、电信业（包括IT）、零售业。

研究发现，企业领导和员工对人工智能的期望值存在差异。例如，尽管46%的企业领导希望人工智能能够在他们的行业得到很好的运用，但只有18%的员工持相同看法。另外，企业领导还看到了运用人工智能的诸多好处。

企业领导对人工智能的期望①：

- 68%——能使企业确定某些特定工作的合理成本

- 63%——员工最低工资提高后，人工智能广泛代替员工

- 60%——帮助企业建立高效团队

- 57%——能够帮助企业做出更好的人才决策

- 51%——减少对人力资源人员和招聘经理的需求

- 39%——更好地选择求职员工

在调查中，持有这种期望的企业领导人数都大于相应的员工人数。更为重要的是，企业领导期望人工智能对整个行业和经济产生影响。

企业领导对人工智能的期望②：

- 72%——使本人和其他员工能在最重要的事情上多花时间

- 71%——帮助预测顾客需求量的高峰期和低谷期

- 67%——推动公司在未来不断进步

- 66%——更好地利用现有员工，降低劳动成本

- 64%——提高所有产品的生产力水平

- 61%——在全球经济中产生积极的"连锁反应"

- 61%——让公司在竞争中处于优势地位

同意这些观点的企业领导人数明显多于员工。由此看来，人工智能在企业发展的最大阻碍是企业领导与员工对其期望值的不同。

另一项全球调查显示，人工智能还可以创造出更吸引员工的工作场所。克罗诺斯劳动力研究所（Workforce Institute at Kronos）对8个国家的3000名员工进行了调查，结果显示，人工智能受到员工的欢迎，并且原因多样，比如：人工智能可以使耗时的内部认知过程自动化（64%），人工智能可以帮助平衡工作量（64%），人工智能可以提高主观决策的公平性（62%），人工智能能确保经理做出影响个别员工的更好选择（57%）等。而大多数公司尚未与员工讨论过人工智能在其工作领域潜在的影响。

克罗诺斯劳动力研究所执行主任乔伊斯·马罗尼说道："虽然新兴技术总是存在不确定性，但这项调查显示，全世界员工对此都持有谨慎乐观的态度。他们认为，如果用于增加公

平性和消除低价值工作场所中的流程和任务，人工智能是一种很有前途的工具，它能为员工工作调节体验铺平道路；同时，它还使员工能够专注于工作角色中真正重要的内容。"82%的员工看到了人工智能改善他们工作的希望，但仍有三分之一的受访者担忧有一天人工智能会完全取代他们。事实上，单凭人工智能是难以消除这种分歧的。另一问题是关于人工智能领域的热议程度。

平衡人工智能的炒作和期望

尽管许多企业把钱投资在物联网和人工智能上，但这些企业也意识到这两个领域有过度炒作之嫌。各种物联网市场都显现出广阔的前景，但在所有的前景背后，都是对实现美好期待的挑战。根据调研机构Telecoms Intelligence对1500名电信行业专业人士的调查显示，物联网市场比其他市场更为重要。

电信公司认为重要的物联网市场：

- 60%——智能家居，智能建筑

- 53%——实用程序

- 51%——健康服务

- 48%——智慧城市

- 44%——物流、资产跟踪

- 43%———互联汽车
- 32%———零售业
- 25%———农业

根据这项研究，物联网也是预期投资的首选，人工智能紧随其后。

优先投资项目：
- 56%———物联网
- 46%———大数据、分析
- 30%———人工智能
- 29%———安全

虽然物联网和人工智能被列为优先投资的事项，但并非每个人都期望它们能提供预期服务。当前，最受关注的新兴技术是物联网（20%）和人工智能（20%）。接下来是虚拟现实和增强现实（15%）以及5G———新一代移动速度（15%）。

好消息是，41%的电信专业人士认为，五年后业界对物联网的看法将是：物联网是电信供应商成功的重要因素。坏消息是，44%的人认为物联网虽用处颇多，但未能实现最初期望，至少还需要时间为实现期望而努力；或者，在另一方面，需要开始细化和管理预期目标。当然，为了迎接期待实现的挑战，企业需要找到实现这一目标的人才。

寻找人工智能人才

人工智能正以各种不同的形式出现在商业的许多领域。由于人工智能的出现，一些行业在寻找这方面人才时面临挑战，即能否寻找到能够胜任的员工来领导人工智能工作。在市场调研公司Branded Research为印孚瑟斯技术有限公司所做的，对1100名人工智能技术采购主要决策者或影响者的全球性调查结果中，最具挑战性的行业是传媒业和娱乐业。在行业中，公司难以找到人工智能人才的排名，传媒业和娱乐业位居第一，公共部门排在最后。

难以找到合格员工领导人工智能项目的行业排行：

- 68%——传媒和娱乐

- 67%——电信、通信服务

- 66%——银行和保险

- 62%——零售和消费品

- 61%——健康服务

- 60%——旅游、酒店和交通服务

- 56%——制造和高科技

- 41%——公共部门

根据这项研究，许多行业正在受到人工智能的影响。例如，大多数（54%）零售商正经历着人工智能技术带来的干扰，53%的传媒业和娱乐业以及48%的旅游、酒店和交通服务行业也受到了干扰。在使用人工智能实现业务流程自动化方面，零售业和消费品行业占比85%，在所有行业中占据首位。人工智能将以自己的方式进入所有行业，而现在这些行业中，需要找到人才来帮助引导它的发展。随着企业中人工智能的普及，将创造出更多的就业机会，人工智能的收效也将逐渐显现。

追逐高额回报

现在，各种形式的人工智能正在市场中接受考验，统计到的数据也反映出人工智能这些年来的兴衰沉浮。一种观点是，人工智能的早期使用者认为其提供了巨大的机遇，而另一项研究则指出需要改变当前人工智能的流程。"认知意识"类公司的大多数（76%）高管希望人工智能能够改变他们的公司，而许多（69%）高管则希望能减少或避免裁员。这项由德勤公司（Doloitte）对250名美国高管进行的调查显示，近1/3（29%）的企业发现，随着人工智能的使用，新的工作岗位也在陆续增加，然而，对于某些部门来说，未来的发展中也存在着一些潜在的威胁。

事实上，有效地利用人工智能并不是一项简单的工作。

根据美国技术和市场调研公司Forrester的一项研究，大多数（55%）开展人工智能的企业表示目前并没有收到任何实际的业务成果，而43%的企业表示现在说结果还为时尚早。这项基于10个国家3400名高管的调查发现，大多数（51%）公司都在投资人工智能，公司数量与去年相比增加了40%。研究还表明，公司需要正确地规划、部署和管理，否则新的人工智能技术只能带来微薄的效益，甚至是出乎意外的、不希望得到的结果。而73%的高管表示，明年的首要任务之一是对不断增长的客户期望做出高度响应。人工智能如果使用得好，就可以帮助他们做到这一点，这是他们想大力使用人工智能的一个原因。许多企业正在开展各种形式的人工智能。

不同层级的人工智能

人工智能对不同的人来说意义不同，但这并不妨碍一些企业全力推进它的发展。人工智能已经成为一个涵盖各种技术的总称，包括自然语言处理、机器学习、计算机视觉和深度学习等。像亚马逊Alexa、苹果Siri、微软Cortana和谷歌Home这样的智能助手，在某种程度上都被视为使用了人工智能技术。

人工智能有不同的层次，现在最常见的是凭借计算机的卓越能力处理大量数据及发现模型。一项由美国市场调研机构Market Cube为人工智能和网络安全公司Cylance设计的，针对美国、英国、德国和法国650名技术决策者进行的调查显示，大多数（85%）参与技术的高管表示，人工智能已经实现了其期望，尽管76%的高管担心过度乐观的营销会使验证人工智能驱动的解决方案变得困难。大多数（83%）高管表示，他们投资人工智能以击败竞争对手，而超过70%的高管表示，人工智能改变了营销部门的运作方式。根据该项调查，经过多年的发展，实用的人工智能已逐步走向成熟，60%的公司都至少运用了某种形式的人工智能。

81%的技术高管认为人工智能能够为员工带来更有意义的工作，而不是取代员工。绝大多数（93%）受访者都预测人工智能将会创造新的工种。当然，大量的资金也投入到人工智能领域，超过1/3（38%）的企业计划在未来几个月内将其全部技术预算的25%到50%用于人工智能领域。研究表明，人工智能带来的最大好处包括：增强对客户行为的洞察力、提高业务绩效、自动完成重复工作以及提高运营效率。对市场营销人员来说，潜在的巨大回报是对客户洞察力的提高，而这是每项人工智能研究都能发现的好处，尽管这一过程仍会遇到一些阻碍。

产品创新中的人工智能

人们正在利用人工智能技术，但许多高管预计未来会遇到一些阻碍。人们对人工智能充满了热情和乐观的态度，尤其是把它当作一种潜在的竞争优势。例如，在为各种在线广告功能采用人工智能技术之后，意大利女性内衣零售品牌Cosabella从中吸取了许多经验，进行了调整和修改。任何一个在其领域没有采用人工智能技术的企业都将失去学习的机会，并且最后发现落后于他人。

好消息是，大多数（80%）大型企业都采用了某种形式的人工智能技术，尽管许多企业看到了改进的空间。在对美国、欧洲和亚太地区260名个人收入达5000万美元或以上的公司副总裁或更高级别的商业及技术决策者进行的一项调查发现，虽然美国大多数（83%）企业都在使用某种形式的人工智能技术，但还有44%的企业表示，其还有很大的发展空间以实现目标及完成一体化。该项研究由美国天睿公司委托技术行业市场研究机构Vanson Bourne实施。

企业通过人工智能提高收入的首要领域是产品创新（50%）和客户服务（46%）。近1/3（32%）受访者认为人工智能推动了市场营销收入的增加。在美洲，从人工智能功能中获得收入的主要部门是客户服务，而推动业务成果产生的前三个领域分别是客户体验（62%）、卓越运营（56%）和产品创新（51%）。

调查显示，人工智能发展的过程中存在明显的障碍，尤其是缺乏基础设施、合格人才和大众认知，人工智能技术仍处于萌芽和不确定的阶段。它正在以迅猛的速度进入各种类型的企业当中，这只是它发展的一个起点。人工智能的关键在于，其最终会以多种方式影响消费者，因为大部分人工智能的关注点都在客户，这就是人工智能在客户服务中的作用所在。

训练人工智能更好地为客户服务

越来越多的公司正在使用各种形式的人工智能技术，但很多客户看起来对此并不满意。随着公司优化其客户服务方法，聊天机器人正日益成为电子邮件的替代品。美国技术和市场调研公司Forrester对人工智能的预测显示，随着企业寻求降低客服中心的成本和减少客服中心员工数量，更多的企业将把客户推向数字化服务和聊天机器人。但也有坏消息，根据该公司的预测，人工智能的过渡阶段会遇到麻烦，这可能会在客户满意度方面产生负面影响。

公司将越来越多地将人工智能应用于特定的面向客户的渠道，他们发现，机器学习通常需要一个人工的过程来对人工智能技术无法识别的文本、语音或可视化客户交互进行分类。从本质上来说，这些机器将不得不学习一些它们还不知道的东西。根据预测，这种将技术与人工辅助过程相结合的早期形式将对机器学习产生重大影响。

以下是Forrester关于人工智能的预测：

● 各大品牌将取消客户服务电子邮件，用聊天机器
人和聊天软件代替。各大品牌将开始青睐通过聊天机器
人和聊天软件进行实时交流，而不是通过移动应用程序
和电子邮件。

● 公司将利用对视觉感受的分析来改善服务以及增加
销售业绩。面部识别技术将运用于评估情感和感受，这项
技术将扩展到客户服务和销售。

● 至少有一家B2B公司将利用人工智能完成50%的筛
选潜在客户工作。对话式人工智能将更多筛选潜在客户的
流程自动化，以降低销售成本，使卖家能够更多地关注最
有潜力的客户。

根据Forrester的评估，虽然通过技术与客户打交道的价格
更为昂贵，但公司更希望通过技术而不是直接与客户打交道。
这将导致客户服务号码更难在公司网站和应用程序中找到，因
此，人工智能自动化将导致服务水平和客户满意度下降。

虽然人工智能各种形式的虚拟助手已经引起了许多商界人
士的注意，但人工智能被市场引领者采用可能还是有些滞后。
根据一项对全球500名高级营销人员的调查显示，只有7%的营
销决策者称他们正在使用智能聊天机器人，其中大多数是在美

国或英国。这项研究由全球市场调研机构Freedman International委托数字营销媒体进行。27%的营销人员表示，使用人工智能是他们计划考虑的项目。不使用人工智能最普遍的原因是内部团队还没有做好准备，也没有资金预算。但相对少数（13%）的营销人员表示，他们的客户还没有准备好接受人工智能。

开展人工智能解决措施可以带来巨大的长期收益，但风险在于，公司在获得回报之前没有投入足够的资源来实现目标。然而，一些公司很早以前就在人工智能领域投资，且投资频繁。

意大利女性内衣品牌的人工智能开发

Cosabella是一个总部位于意大利的全球奢侈品内衣品牌。它正在利用人工智能进行从广告购买到个性化促销的一系列活动。该品牌利用一个名为Albert的人工智能系统来改变品牌与客户的互动方式。这个系统扩大了全球客户的覆盖范围，增加了遍布世界各地的新用户。

"人工智能增加了效率，"Cosabella首席执行官圭多·坎佩洛说，"过去我们将人工智能应用于广告，而现在我们专注于如何扩展它的领域。"坎佩洛让Albert负责广告投入费用，并将人工智能技术应用于个性化的电子邮件促销。他说："人工智能很快就取代了传统的电子邮件营销手段。"使用Albert的结果就是将程序不断发展的过程。

由于公司各种系统都是通过Albert的人工智能系统来实现自动化，从本质上来说，Cosabella是在重新平衡人与技术之间的关系。坎佩洛说："我们正在把人们带回到这个过程中，这是为了让人和技术正确地结合起来。因为趋势和预测都不是必然准确的，存在许多因素和变量，所以人工智能需要人为因素的介入。"

在公司发展过程中加入人工智能也推动了一些内部变化。坎佩洛说："我们把市场营销和数字营销部门的预算合并在了一起。"

Albert帮助Cosabella在识别和利用最佳搜索词的基础上购买广告服务，但在发现新词上受到了一定挑战。坎佩洛说："这就需要人工和人工智能的结合运用。"使用Albert的第一个阶段基本上就是能让它完成应做的工作。"我不喜欢这样说，这就像把人工智能这个代理放进了盒子里，"Albert人工智能系统的首席执行官兼创始人奥尔·萨尼说，"各种品牌带来许多创造性资产，告诉Albert目标并制定预算。但在结束的时候，Albert只是一台在运行过程中运算结果的机器。实际上，机器学习需要解决的是一个复杂的问题，就像消息的同步性，这需要机器学习。各个品牌来找我们求助并不是因为他们想使用人工智能，而是他们需要人工智能来解决问题。5到10年之后，每个人都将使用这种解决方案。"萨尼将Albert视为团队的一部分，而不是简单的工具。Cosabella公司也同意这种看法。坎佩洛说，他们意大利内部团队甚至把人工智能引擎称为Alberto[①]。人工智能是商业的一大趋势这一点，不仅仅Cosabella这一意大利女性内衣品牌明白，其他品牌也都心中有数。

电梯与人工智能

通过物联网，可以让设备或机器进行相互交流，但这种交流通常是无声的，无法进行更进一步的发展。在经过了相当不寻常的曲折之后，一家广告公司为电梯提供了声音，电梯和云端可以进行实时对话，乘坐电梯的人就可以听到机器的声音。芬兰市场营销及广告公司Hasan & Partners（其前身为IPG集团一部分）长期服务的一家全球性电梯的客户们希望能够更加简便地描述该公司的电梯监控能力。Hasan & Partners在芬兰的创意总监托比亚斯·瓦克如此说道："作为一家广告公司，我们想向全世界展示通力电梯拥有世界领先的电梯服务能力。"该公司通过与美国通力公司（UFC）合作，已将技术运用于世界各地不同国家的电梯。电梯通过传感器和控制装置发送其日常性能的数据。这些数据基本上是计算机代码，它们被收集、处理之后，使电梯有了语音。这是非常神奇的体验。

---

① Alberto 为常用人名，此处表示团队把人工智能当作团队成员。

乘坐人可以连接服务器，听到电梯讲话。这些能够说话的电梯分布在瑞典、芬兰、法国和美国伊利诺伊州，但电梯的语言都被翻译成了英语。瓦克说，该代理机构采用IBM Watson的文本语音转换系统，发出实时语音。"这些都是实时的真实数据，"瓦克说，"一切都是真实的。"这一方法将电梯维修服务提升到了一个新的高度。瓦克说："这项技术将电梯与云端相连，将来人们不需要再寻找电梯维修服务。人工智能和物联网现在很热门，我们想尽自己的力量向世界展示物联网的意义。"通过一部伊利诺伊州的电梯，我们可以听到一段真实的对话。以下是电梯和通力公司云端之间的对话内容：

电梯（以下简称电）：正在前往地上1层。

通力（以下简称通）：已确认。

电：请核实六层的着陆精度。

通：不用担心，近乎完美。

电：上升8.1米至地上4层。

通：明白，正在前往地上4层。

电：下降至地上3层。

通：收到。正在下降至地上3层。

电：速度为1.4m/s。

通：收到。

电：降落至3层时尽量减少震动。

通：已测量，着陆良好。

电：请核实外部噪音水平。

通：测算中……外部噪音水平略微升高。

电：升高时注意震动。

通：是的，有一点，正在分析中。

电：准备搭乘。

通：正在等待乘客。

电：上升过程存在轻微震动。

通：测量值低于平均。

电：高度精准到达地上4层。

通：干得漂亮。

电：下降过程中存在轻微震动。

通：已测量到轻微震动，可以忽略。

电梯能够进行对话可能并不是最令人兴奋的，但它们确实给生活带来了机器与机器交流的概念。瓦克说："这些信息都是实时的，所以我们不能把它们戏剧化地处理。"事实上，让电梯能够说话已经足够了。

IBM全力投入人工智能领域

物联网是关于物与物之间的联系以及这些联系所产生的大量数据。但问题在于，大部分数据都没有被挖掘出来，而这正是IBM及其人工智能超能机器Watson的切入点。在波士顿举行的IBM物联网天才峰会休息期间，我与IBM Watson物联网的客户参与和教育总经理哈里特·格林坐在一起讨论了IBM物联网和人工智能战略。

格林将市场需求视为机遇，他指出，全球80%的数据尚不可搜索。他说："我们已经在物联网上下了很大的赌注（30亿美元），并将人工智能技术带到了物联网领域。就我们自身情况而言，我们已经看到，将全球设备连接到IBM云端以及互联网平台具有巨大的驱动力。人们都知道，如果你把事物与事物、事物与人联系起来，那么数据流和机会都是真实存在的。其次，我们可以看到，收集数据并对其进行分析的应用软件正变得越来越深入和丰富，我们看到了更多的希望。"

人工智能处理数据的量和速度远远超过人类，而得到的结果往往有着意想不到的关联性和深刻的见解。IBM Watson的运作方法是运用人工智能技术来增强和扩大公司或机构的经营业务。人工智能已经经历多年的迭代，在发展过程中不断引入额外的处理能力和学习方式，近年来已逐步走向成熟。格林说：

"IBM投资Watson并合作发展已有10年，自从Watson赢得美国著名电视问答游戏Jeopardy之后，我们已经为它开发了许多新东西。"（Watson在2011年美国著名电视问答游戏Jeopardy中获胜。）

"关键是，在任何工作中我们都不考虑用机器来取代人类的智慧。我们相信Watson和人类一起工作时能不断学习，我们也能通过Watson的智慧来增强人类的能力。我认为人工智能的出现会改变世界上许多工作岗位，但大规模取代人类工作的观点，我们现在还看不出来。2019年，超过10亿的人会受到Watson的影响。"

IBM表示，公司有来自30个不同行业的6000个活跃客户使用其物联网平台和Watson，也有许多人工智能与消费者互动的例子，即使这些消费者并不一定把这种消费体验看作与人工智能相关。

以下是格林引用的一些例子：

● Olli是一款能够无人驾驶，将您从A点带到B点的汽车。它推荐您可能会喜欢的餐厅，帮助您准时到达目的地。现在还能根据天气条件，由Watson启动。这款车正在美国许多州的校车路线上推广。学校的孩子们更愿意排队上Olli这样的新式汽车，而不是一辆无聊的、不能与他们对话的老爷车。

● 宝马正向其i8混合动力跑车注入Watson人工智能功能。

● 如前所述，通力公司是一家每天有100万人搭乘的全球电梯公司，是机器进行实时连接的很好例子。芬兰、美国、瑞典和法国的电梯都连接到云端，并在电梯间进行通信。任何消费者都能轻松进入电梯并听到电梯说话。

虽然许多人工智能应用程序正由全球大型公司推广实施，但许多结果最终会影响消费者日常生活的各个阶段。

"大多数消费者与企业之间存在相互作用，"格林说，"从消费者在企业中所看到的，我能明白一种真正的行为趋同，并且能知道什么是可能的，什么是企业可以向不同消费者提供的。"物联网的未来在很大程度上需要新的产品和服务，这些产品和服务可以更智能、更好地做事，提供更丰富和更新的体验，这是非常激动人心的时刻。更重要的一点是，我们都要专注于研究什么才能真正增加价值和可量化的利益，并开始行动起来。格林和他的团队清楚地知道他们的重点应该放在哪里。人工智能正在尝试进入所有与商业有关的领域，甚至是研究和测试领域。

A/B测试中的人工智能

A/B测试[①]从一开始就存在，它不可能逐渐消失，但由于人工智能的发展，它可能会越来越落伍。在波士顿举办的eTail East国际电商会议和展览上，各家公司挤满了展览大厅，他们推销无数版本的数据分析、客户目标定位；更重要的是，他们还推销人工智能驱动结果的各种承诺。在一些基于人工智能的案例研究中有一个突出的例子，是创办了十年、总部位于旧金山的人工智能研究公司Sentient。该公司采用了一种名为进化算法的人工智能分支技术。我和Sentient市场营销总监杰里米·米勒坐在一起讨论了时下的A/B测试在人工智能新世界中的现状和它的未来发展。

"在传统的A/B测试形式中，控制权和实验存在着一种对立关系。"米勒说，"你针对流量进行该实验，并且无论哪个设计性能更好，都是你开展的设计，这都是经过尝试和实践的。"但是人们发现，7个实验中有6个没有产生想要的结果，所以实际上你必须投入大量的精力和资源来确认如何利用A/B测试来提高转化率。

---

① A/B测试（也称为分割测试或桶测试）是一种将网页或应用程序的两个版本相互比较以确定哪个版本的性能更好的方法，它是一种新兴的网页优化方法，可以用于增加转化率、注册率等网页指标。

Sentient公司的转换率优化工具Ascend使营销者同时测试所有的想法，而不是按照顺序进行测试。"使用进化算法模拟的是进化过程，它需要所有这些想法，并不断优化。"米勒说，"营销人员可以提供给人工智能机器所有的想法，然后人工智能根据网站的浏览量了解哪些想法能更好地提高转化率。转化率好的想法会保留下来，其余的想法就会被删除。"

转化率可以是品牌或营销人员确定的任何指标，例如获得销售线索、进行销售或实现收入目标。这些基本上是由人工智能来决定最终目标，然后再由人工智能设想如何实现这个目标。以前文提到过的Cosabella品牌为例，Sentient的人工智能技术测试了160页的策划，经过7周的改进，转化率提高了38%。米勒说："在两三年内，每个人都将利用人工智能。"尽管得出了这样的结果，A/B测试也不太可能在短时间内消失。

米勒说："A/B测试是用来证实的。如果你想证实一个假说，A/B测试仍然可以提供一些价值。你可能有一个强有力的假设，想看看它是否正确，那么使用A/B测试就是一种方法。这并不是一种探索，它已经预先决定了你所认为正确的事的准确性，而你是在验证它或使它失效。当你在验证的时候，就真的在朝着尽可能高的转化率前进。A/B测试让你得到的是，需要一路上山去寻找最高的山峰，而不仅仅是一座当地的小山头。通过A/B测试你可能会很幸运的得到结果，但是你没有考虑到其他会让它变得更好的可能性。" Sentient的人工智能就消除了这类希望"碰运气"的问题。除了研究领域，人工智能也运用到了零售业中。

提高零售业客户参与度的人工智能

零售商们正在购入人工智能系统，希望它能提高客户参与度。许多营销主管也将客户参与视为影响收入和推动购买的因素。根据一项对100名首席营销官和总部设在美国和英国的主要品牌（包括全球最大家用电器和电子产品零售集团百思买集团［Best Buy］、玛莎百货公司［Marks & Spencer］、美国平价服饰品牌Urban Outfitters、美国连锁高端家居用品店Williams-Sonoma、美国高档连锁百货店诺德斯特龙［Nordstrom］以及其他品牌）高级营销主管的调查，大多数（86%）零售商计划在其领域投资人工智能或机器学习，69%的零售商已经在其营销机构中使用人工智能或机器学习。该项调查由市场研究公司Worldwide Business Research（WBR）与机器写作公司Persado合作完成。

零售营销商在人工智能和机器学习方面上投入了大量的资金，大多数（66%）预算在100万美元到1亿美元之间，其中19%预算在5000万美元到1亿美元之间，而且大多数营销执行官预计人工智能将对公司整体收入增长产生直接影响。

人工智能和机器学习在市场营销中的预期效益：

- 86%——更有效地参与

- 80%——在竞争中处于领先地位

- 70%——风险管理，数据安全

- 69%——推动活动的系统性提升

- 53%——提高生产力和效率

即使这些都是积极的期望，许多零售商对人工智能也存在着别的看法，例如，大多数人对该技术其实是感到困惑甚至不信任。

零售业人工智能应用的最大阻碍：

- 76%——困惑或不清楚人工智能到底可以用来做什么

- 59%——不信任人工智能技术的引入

- 52%——缺乏明确的商业案例

- 46%——缺乏合适的内部技能

- 29%——缺乏管理层认同

- 18%——没有时间和资源

从积极的一方面来看，零售商正在投资人工智能，这应该会解决一些发展中的阻碍，而那些不投资人工智能的公司将继续面临这些阻碍。

会推荐产品的人工智能

在线零售商正在进军一些先进的人工智能技术，而对其他技术则有所保留。电子商务公司SLI Systems对全球234家中型在线零售商进行的一项有关人工智能调查显示，很多零售商都有将人工智能应用于面向各种客户活动的计划，但他们没有计划去采用虚拟现实或声控应用程序。增强现实技术更是位居榜单末尾。零售商使用人工智能的首要目的是提供个性化的产品推荐。

零售业人工智能用途：

- 56%——个性化产品推荐

- 41%——客户服务请求

- 35%——聊天机器人

- 32%——视觉搜索

- 18%——虚拟购买助手

- 11%——增强现实技术

- 8%——声控应用程序

- 7%——虚拟现实

绝大多数（90%）的在线零售商没有将人工智能用于虚拟现实或声控应用程序的短期计划，一半多（54%）零售商计划

最终会使用人工智能技术，而近一半（46%）的零售商没有将
人工智能技术加入其商业战略中。

一些（16%）零售商已经在使用某种形式的人工智能，
20%的零售商计划在短期内使用人工智能技术，而18%的零售
商已经计划长期使用该技术，就像市场上许多相对较新的技术
一样，了解它能做什么是关键。近1/4（24%）的零售商表示，
他们不知道人工智能如何应用于商业；而超过1/3（39%）的零
售商表示，他们了解人工智能的商业应用，但不确定如何应用
到他们的业务当中去。

市场营销者与人工智能

由于人工智能是市场营销者预测在不久的将来增长最快的
领先技术，他们正把目光全力投向人工智能领域。根据企业云
服务调研机构Salesforce Research的报告，经对全球3500名市场营
销领导者进行的调查，市场营销者预计人工智能在未来将增长
53%，比任何其他技术类型的增长都要快。一半多（51%）市场
营销领导者已经在使用人工智能技术，超过1/4的市场营销领导
者表示计划在未来两年内至少进行一次人工智能试点。在已经
开始使用人工智能的营销者中，多数（64%）表示，人工智能
提高了他们的整体营销效率；超过半数（57%）表示，人工智
能帮助他们进行一对一营销这一点至关重要。在许多领域，市

场营销领导者认为人工智能对他们的业务产生了重大影响。

人工智能未来五年的影响：

- 61%——内容高度个性化

- 61%——动态登录页面和网站

- 61%——在正确的时间，利用正确的渠道，传送正确的信息

- 60%——超个性化产品推荐

- 60%——程序化广告和媒体购买

- 60%——预测式行程

- 59%——市场营销人员的生产力

- 59%——活动分析

- 59%——数字资产管理

- 59%——跨数据和系统的商业洞察力

- 59%——大规模的超个性化

- 58%——消费者细分

- 57%——领导得分

- 56%——倾向性分析

尽管如此，这并不意味着人工智能的发展是一帆风顺的。另一项由调研公司Salesforce Research进行的调查发现，包括市场营销、销售和服务在内，只有26%的商业领导者对他们公司制定的

人工智能商业战略完全有信心。执行人工智能战略的阻碍包括客户隐私问题、整理存储在不同系统中的数据、预算限制和内部技能。除此之外，所有的人工智能系统都能得到继续发展。

个人理财中的人工智能

许多消费者将人工智能视为一种帮助他们理财的方式。从寻找贷款和制定预算，到修订储蓄战略和获得客观建议，人工智能在个人理财中起到的帮助作用十分巨大。市场研究公司Propeller Insights为银行业应用程序公司Varo Money进行了一项受访者为1000名美国成年人的调查，结果表明，人工智能有助于消费者管理财务，并且在许多方面比消费者本人做得更好。以下是研究中消费者认为人工智能可以做得更好的方面：

- 50%——制定预算

- 44%——理财

- 44%——存钱

- 32%——预测恶劣天气

- 19%——驾驶汽车

- 9%——幽默风趣

消费者还表示，如果他们的手机银行具备各种人工智能功能，他们会选择加以利用。

消费者会利用的功能：

- 42%——自动支付账单

- 39%——现金流水分析

- 37%——将银行账户、信用卡和贷款联系在一起

- 34%——不同账户间的转账

- 29%——更快地偿还债务

- 28%——设定分类储蓄目标

- 23%——寻找贷款

- 16%——防止破产

与其他年代出生的受访者相比，千禧一代会更多地利用自动支出分析（41%）、现金流水分析（47%）和银行账户连接（42%）等功能。调查中还发现了一个有趣的现象：7%的消费者每6个月才去一次银行，5%的人每年去一次，而10%的人从不去银行。除了银行业，人工智能领域的探索还在继续，尤其是在许多大学。

人工智能与测谎

人工智能最强大的一面是它能看到人类看不到的东西。更准确地说，它能分析数据并找到以前人类看不到的相关联系，有些联系人类即使反复看也发现不了。现在，研究人员

正在利用人工智能来判断一个人是否在说谎，比如在法庭审判中。这种自动欺骗检测系统名为DARE（Deception Analysis Reasoning Engine），是一种使用视频功能检测人类微表情的人工智能引擎。

来自美国马里兰大学和达特茅斯学院的研究人员使用真实的法庭审判视频来进行研究。DARE系统采用经过视频特征训练的分类器来对人类的微表情进行判断，确定这些微表情可以用来预测欺骗的行为。研究人员创建了一个三步过程，包括捕捉音频、捕捉视频、数据编码。他们训练人工智能引擎来识别五种最具预测性的微表情：皱眉、挑眉、唇角向上、噘嘴和头部侧转。

研究人员建立了一个审讯视频剪辑的数据库，其中50个视频中的人在说真话，另外54个视频中的人在说谎。当视频中的人在说谎时，DARE系统比人们预测得更准确。人工智能检测到谎言的比率高达92%。

人工智能能够实时结合音频、视频、文字进行判断，它还可以同时看到和处理更多的事情，并高度准确地得出哪些人说谎了。将来，对人工智能撒谎会很困难。与此同时，许多消费者对人工智能产生了兴趣，尤其是注意到它有解决重大问题的潜力。

消费者对人工智能寄予厚望

消费者支持人工智能的发展，但许多人也看到了一些潜在的问题。普华永道（PwC）对2500名美国消费者和企业决策者进行了一项具有全国代表性的调查，旨在探讨人们对人工智能的态度。调查显示，人工智能被视为一种解决各种问题的方式，能涉及从网络安全隐私到全球教育。研究人员对参与调查的人员进行了筛选，以了解他们对人工智能的基本熟悉程度。

普华永道指出，如今的人工智能有以下三种工作方式：

● 辅助智能——这是现在正在广泛使用的一种工作方式，它改善了人们和机构已经在做的事。如汽车GPS导航程序，它为汽车的行驶提供方向并根据路况对其进行调整。

● 增强智能——这是一种新兴的人工智能方式，使人和机构能够做他们原本无法完成的事情。如拼车服务中安排汽车的程序。

● 自主智能——这是为未来开发的一种人工智能方式，具体方法是建立能够自主行动的机器。如自动驾驶汽车被广泛使用。

大多数（63%）消费者认为人工智能将有助于解决困扰现代社会的复杂问题，59%的消费者认为人工智能将帮助人们过上更充实的生活。另一方面，近一半（46%）消费者认为人工智能会抢走人们的工作，从而对人类社会造成伤害；23%认为人工智能会产生严重的负面影响。然而，人们对职业的看法却有所不同：

- 80%的受访者认为，获得更平价的法律咨询比保住律师这份工作职位更加重要。
- 69%的受访者更愿意拥有负担得起的、方便可靠的交通工具，而不是保留出租车司机这份职业。
- 64%的受访者更愿意能够获得及时的高质量客户服务，而不是保留客户服务代表这份职业。

普华永道的研究显示，数字助手正在引领人工智能应用的第一波浪潮。大多数（72%）企业高管、53%的千禧一代和42%的消费者已经在使用数字助手这个功能。超过1/3（34%）的企业高管表示，使用数字助手节省下来的时间，可以让他们专注于深入思考和创造。

消费者似乎对人工智能寄予厚望。大多数（66%）认为人工智能可以应用于癌症和疾病的治疗领域；68%从人工智能中寻求帮助，解决网络安全和隐私问题；58%认为人工智能能够应用于全球教育。

普华永道的另一份研究报告《2018年全球消费者观察》对

全球27个地区的2.2万名消费者进行了调查。其中关于智能设备的调研结果显示，虽然人工智能在智能音箱等设备上不断改进，但这并不意味着消费者想要拥有它。根据这项研究，大多数消费者还没有任何人工智能设备，并且大多数人也没有兴趣拥有它们。研究还显示，设备拥有率因国家而异，但总体而言，10%的消费者拥有一台人工智能设备，32%的消费者计划购买一台，而大多数（58%）消费者表示对此不感兴趣。

在美国，人工智能设备的拥有率为16%，另有25%的人计划购买人工智能设备，例如亚马逊推出的Amazon Echo或谷歌推出的Google Home。

人工智能拥有率排名前十国家：

- 21%——中国
- 19%——越南
- 18%——印度尼西亚
- 16%——美国
- 15%——泰国
- 14%——巴西
- 14%——法国
- 14%——英国
- 13%——波兰
- 13%——意大利

总体情况可能会发生变化，这取决于未来打算购买人工智能设备的人数，巴西（59%）、中国（52%）和印尼（49%）在这方面处于领先地位。人工智能设备的早期使用者大多是年龄在18至34岁之间的男性，他们更有可能每天或每周通过手机购物，用手机完成支付，舒适地在线购物。他们不太可能采取行动来抵制安全问题的发生或降低欺诈的风险。女性人工智能设备拥有率为9%，有27%的人计划购买，而64%的人对此没有兴趣；男性拥有率为12%，其中36%的人计划购买，而52%没有兴趣。在拥有人工智能设备的消费者中，近一半（48%）在购物上的花费与之前相同，18%花费更多。人工智能设备拥有率和功能也将随着技术的发展而发展。例如，智能音箱将变得"更智能"，并最终变得对消费者活动更有用。这还只是物联网的早期阶段，人工智能还有非常好的发展前景和希望。

潜入人工智能领域

正如本章所述，人工智能以各种不同的形式覆盖了整个商业领域。商业领袖们对此持开放的态度，尽管有些人并不确定其发展方向。有一种方式这样思考人工智能，认为它有两个要点：内部和外部。人工智能在内部可以用于自动化流程、简化任务和辅助复杂决策。在外部，人工智能可以用来改善客户服务，特别是通过向消费者提供正确回答，或者使他们快速联系想要联系的人和快速到达想要去的地方来帮助他们。人工智能还可以完美地对大量数据进行分类，并提取人们不太可能快速识别的关键信息。然而，人工智能并不能取代人类的思维、创造力和直觉。就如本章之前所说，奢侈品内衣零售品牌Cosabella发现，在使用人工智能高度自动化某些流程之后，还得加入人工的因素。除此之外，人工智能还可以帮助处理公司累积的大量数据，这可以使公司专注于其他更重要的事。

人工智能能够帮助公司更好地为客户服务。这方面的例子就是聊天机器人数量的井喷式增长。尽管许多公司都在争相部署聊天机器人，但要记住的一点是，尽管有些客户希望自动化技术能更好地为他们服务，但仍有一些客户希望与真人对话。业务需要为这两类客户提供动态识别和合适路由的功能，这将使更多的消费者满意，以下方面需要被考虑：

● 分配资源——人工智能部署的开始阶段就要告诉机器：人类需要什么以及机器需要处理什么样的数据。这意味着人们必须决定进入到系统中的信息，然后随着时间的推移帮助机器进行学习。帮助自动化机器的人越多，机器会变得越好。人工智能不是一成不变的。

● 清理数据——俗话说，接受垃圾思想，也会造就垃圾成果。这句话很适用于人工智能领域。无论人工智能有多好，糟糕、不完整或不准确的数据都不会提供一个好的结果。这也是人工智能的起点。

● 需要时间——人工智能不是一夜之间就能造出来的，至少这样不能提供理想的结果。除了资源之外，特别是人员配置方面，得到最终结果需要时间。需要记住的是，在取得更多成果之前需要更多的花费。

● 不要单干——本章之前就提到，有些公司非常擅长开展人工智能解决方案。做好你的功课，看看这些公司的领导。他们可能比大多数（但不是所有）公司拥有更多的专用资源，而且他们还在不断改进技术。

伴随人工智能不断成长的七大数字化变革技术之一是语音。许多智能语音助手都是边发展边学习，我们将在下一章讨论。

DIGITAL
TRANSFORMATION
3.0

03
彻底解放人类双手：
无所不能的语音助理

当今，家居数字语音助手的发展速度惊人，其市场也随着亚马逊推出带有语音助手Alexa的Echo系列产品后正式形成。之后，谷歌推出了一款名为Google Home的智能家居设备，数以百万的消费者可以在厨房、客厅或卧室，说声"嗨，Alexa"或"好了，谷歌"，就可以要求语音助手做一些简单的家务活。与此同时，其他公司也开始涉足这个领域，苹果推出声控音箱HomePod，三星则与其收购的哈曼国际工业家用与车用音响部门合作推出了语音助手Bixby。语音控制这一技术虽然终将在许多设备中应用，但独立数字语音助手才是语音助手领域中最重要的内容，这也是本章讨论的重点。

　　事实上，语音助手远非语音识别某个问题这么简单。"随着市场上声控音箱越来越多，人们在家谈论Alexa时，常常为它出色的识别能力感到惊叹不已。然而，对我来说，它解决问题的能力比识别能力更重要。"汤姆·赫博纳在与我的一次长谈中这么说道。赫博纳是美国语音识别技术公司Nuance Communications认知创新团队的负责人，这家全球性公司拥有14000名员工，并为80余种语言提供语音解决方案。

语音助手的最大用途之一是帮助人们解决问题。比如我们可以快速地向家用语音助手提问，也可以让它们帮我们开启或关闭某个设备。另外，消费者由于这样或那样的原因，试图联系公司解决问题时，会遇到其他类型的语音助手。

"我们正在研究所有的会话技术，甚至包括虚拟助手。在进行满意度调查时，我们发现，最让人开心的是语音助手能帮助他们快速地解决问题。"赫博纳说，"人们追求解决问题的速度，只要快就好，至于问题是人还是机器解决的，人们并不关心。最令人沮丧的是在自动化系统上花费很长时间，却还是要靠人，最后不得不找许多人来解决问题。这是最让人泄气的事，因为这浪费的时间和精力最多。对于消费者来说，他需要快速解决问题。有些消费者之所以对着手机的语音助手大喊大叫，是因为手机的自动化系统没有设计好，让人觉得它是在妨碍而不是帮助消费者解决问题。如果你有一个设计良好的系统帮助消费者解决问题，或让其感觉到自己的存在，他们就不会觉得自己在系统上浪费时间，反而能感到自己在不断取得进步。"

无论是哪种语音助手，解决顾客的问题总是很容易成为人们关注的焦点。赫博纳说："设计者的设计和用户体验对人们的行为有决定性的影响力，这就是会话设计之所以重要的原因。"

　　语音助手依赖于数据，原因在于它们必须快速地从数据库中提取数据，对查询作出快速准确的回答。"如果我现在是一家大公司的首席信息官，我会确保我们的数据库是可访问的、可用的，确保我们的每个客户端都能使用它，"赫博纳说。"人们总是这么说，人工智能的好坏取决于你提供给它的数据质量的高低。他们会说，建立在低劣数据上的机器学习模型，表现实在不尽如人意。当前我们所接触到的还仅仅是它的表层技术。这是一个激动人心的时代。"值得庆幸的是，由于消费者和声控音箱都还处于学习阶段，消费者不会对智能音响提出挑战性要求。目前，智能家居市场还处于起步阶段，但这些设备正日益成为智能家居的重要组成部分。

声控音箱推动智能家居发展

　　当前，智能家居的设备数量持续增长，预计4年内在美国的数量将达到8亿。美国市场调研机构BI Intelligence的一项研究表明，智能家居市场的规模正随着声控音箱的使用而不断扩大，到2025年全球将安装550亿个物联网设备。目前，声控音箱市场由亚马逊的Echo和谷歌的Home系列产品主导，但它们也有许多市场竞争者。如微软推出的一款适用于语音助手Cortana的声控音箱Invoke，三星的声控音箱Harman-Kardon可以由语音助手

Bixby导入，而苹果则推出了价格高昂的HomePod声控音箱。我们认同BI Intelligence的观点，声控音箱将逐渐成为以语音助手为核心的众多外围设备之一。

声控音箱也能推动更多智能家居产品的销售，因为它们不仅可以相对容易地控制其他智能设备，比如灯具和恒温器，还可以同时控制几种智能设备，这将在另一章节中详细讨论。研究表明，智能家居设备对精通技术的消费者来说更具吸引力，但其市场已经开始转向普通用户。而且智能家居公司正在招募设备的试用者，希望他们能真正向别人做免费的市场宣传，因为这些早期体验者会在他们的朋友和家人面前炫耀这些设备。现在更多的声控音箱进入市场，这些早期体验者的工作将变得更为轻松。而且，声控音箱不仅能播放音乐，它还创造了免持环境（避免用手拿着使用），方便消费者在家做事。

语音助手的优缺点

智能家居语音助手有优点也有缺点。当大量消费者涌向这些设备时，包括亚马逊语音助手Alexa、谷歌助手、苹果智能语音助手Siri和三星语音助手Bixby，人们考虑到的不仅是它的预期优点，还有伴随而来的一系列担忧。根据BI Intelligence对900名千禧一代和全美战略决策小组中的商业领袖所作的调查，智能家居语音助手最大的优点是拥有免持功能，但同时对它的最大顾虑是缺乏安全信任度。研究还表明，部分（18%）受访者认为没有必要拥有家居语音助手，但绝大多数（83%）受访者则认为家居语音助手很有必要。

受访者认为的家居语音助手主要优点：

- 33%——免持家居控制
- 20%——有未来气息、有趣
- 15%——多功能连接音箱
- 10%——同时执行多项命令
- 5%——其他

然而，语音助手也存在许多隐患。比如，许多消费者担心他们的信息安全。这些担忧部分是因为外部安全措施不到位，如使用时无须输入密码或验证身份。一般来说，Alexa会与所有人交流。而且，有些（19%）消费者将这种由技术问题产生的缺点当成负面体验，也有一小部分（11%）消费者没有发现任何不足。

家居语音助手缺点：

- 41%——无法相信它是安全的
- 19%——漏洞太多
- 12%——价格太昂贵
- 9%——看不出使用的必要
- 9%——其他

　　语音助手将随着时间的推移而不断改进，其背后的"智能程度"也会不断提高。扩大免持互动是物联网的未来希望之一，其中一些互动将由位置传感器和人的手势或生物识别的方式触发。然而，语音是互动的基础，而智能家居语音助手是互动的首要条件。

　　另一项研究发现，几乎所有消费者都知道声控音箱，但这并不意味着人们对声控音箱或其功能有很深的了解。虽有95%消费者听说过声控音箱，但其中有20%的人对此并不是很了解。这家名为Delineate的英国研究调查机构对4000名来自美国和英国的消费者进行了调查，结果如下：

　　使用声控音箱的原因：

- 12%——学习东西
- 11%——研究品牌、公司
- 11%——娱乐、有趣
- 10%——验证事实
- 10%——关注新闻
- 9%——帮助选择品牌或产品
- 8%——关注名人

　　尽管大多数人还是依靠电脑和手机来进行搜索，但使用声控音箱搜索信息的趋势已经很明显了。近1/10的消费者（美国9%，英国7%）已经通过使用声控音箱来帮助他们决定买哪家的品牌和产品，这是商家可以在之后进行营销的关键领域。

消费者还通过使用声控音箱进行语音交易。在美国使用声控音箱的家庭中，一半消费者通过声控音箱购物，而大多数消费者仍选择在商店购物。该研究还发现，声控音箱不仅可以再次订购常规购物清单产品，还可以购买以前没有买过的物品。尽管有44%的消费者用他们的声控音箱进行回购，但也有42%的人用它来购买以前没有买过的物品。声控音箱市场只会不断成长。接近1/4的消费者表示，自己目前虽然没有声控音箱，但很有兴趣拥有一个。

声控音箱就这样突然出现在人们面前。一项调查显示，在2017～2018年里，美国拥有声控音箱的人数从低于1%上升到20%左右。语音控制研究机构Voicebot与数字咨询机构Rain通过对1000名美国成年用户的调查发现，超过1/4（26%）的声控音箱用户每月至少进行一次语音消费，12%的用户每月定期购买语音业务。该调查还发现，有很多房间可以摆放声控音箱，包括起居室（46%）、厨房（41%）、卧室（37%）、浴室（6%）、餐厅（6%）、车库（6%）和办公室（3%）。而且声控音箱也开始取代原先由其他设备完成的功能，尤其是智能手机。

声控音箱取代智能手机

消费者在家时，开始使用智能家居设备做一些手机做的事，智能家居设备开始逐步取代智能手机了。不出所料，像亚马逊Alexa和Google Home这样的设备正在取代智能手机在听音乐方面的功能。这对于苹果公司来说可能是一个好消息，因为HomePod是一款既高端又昂贵的声控音箱产品，旨在满足寻求高音质声控音箱的消费者的需求。

然而，根据市场调研机构Localytics对1000名美国智能手机用户进行的调查，声控音箱不再仅用于播放音乐，还用于叫出租车之外的其他事。就听音乐而言，几乎所有（94%）消费者已经在某种程度上用智能家居设备来取代智能手机，大量（58%）消费者也优先采用智能家居设备。

以下数据显示有多少消费者选择使用智能家居设备来替代智能手机，有些较高，有些极高：

- 94%——听音乐
- 94%——查看天气
- 87%——收听广播
- 79%——了解电视节目或电影的播放时间
- 79%——收听短新闻报道

- 77%——将商品添加到购物清单

- 68%——收听有声读物

- 67%——购买商品

- 67%——收听播客

- 60%——订购外卖食品

- 58%——预订演出、电影或活动门票

- 41%——叫出租车

　　智能家居设备取代智能手机，主要表现在三个活动事项：听音乐、查看天气和收听广播。在拥有智能家居设备的人中，大多数（67%）已经进行了两次及以上在线购物，其中18%的人更是通过智能家居设备线上购物11次及以上。虽然智能手机仍然是互联网连接的主要设备，但它们在家的使用功能却发生了巨大变化。声控音箱正在蓬勃发展，它们所能做的将不再仅仅是声音。

不同助手各司其职

　　目前，亚马逊在数字家庭助手市场占据主导地位，但它的产品似乎并不是都很受消费者欢迎。BI Intelligence的一项研究表明，亚马逊私人服饰搭配助手Echo Look的配置虽然比主产品Echo高端很多，有四个内置LED灯、一个免持摄像头、麦克风和扩音器，但还是无法吸引消费者。在BI Intelligence对1900名消费者进行的全球问卷调查中，绝大多数（82%）消费者表示他们不太可能购买这款产品。此外，由于问卷中含有对亚马逊Echo Look外观及其功能的描述，受访者知道这个设备的功能。于是，超过1/4（27%）的消费者表示，他们永远不会购买Echo Look。

购买可能性：

- 55%——我可能不会购买
- 27%——我永远不会购买
- 14%——我将在明年购买
- 3%——我会尽快购买

更糟糕的是，Echo Look的主要特点未能引起人们的兴趣。近1/3的消费者表示，他们不会使用这款设备，近1/4的消费者表示，他们不太喜欢这款设备的设计风格与摄像头，尽管这是Echo Look与普通Echo的主要区别。

不太可能购买Echo Look的原因：

- 32%——我不会用它
- 23%——我担心我的隐私
- 23%——我对它的风格特征不感兴趣

- 10%——价格太贵

- 6%——我怀疑这种风格特征的功能是否好用

- 2%——我已经拥有类似产品

对亚马逊来说，好消息就是公司推出了带屏幕的Echo Show。它不仅可以打视频电话，还可以完成Echo和Alexa应做的其他事情。在这个阶段，推出Echo Look，以它的配置和预想只能成为一个小众产品。

家长成为高级用户

随着越来越多的消费者购买声控音箱，不同的使用模式开始出现。不同使用模式区别之一为家长模式和非家长模式。根据谷歌的一项研究结果显示，家长群体已成为声控音箱的高级用户。该研究调查了1600名美国成年人，他们都是语音声控音箱Amazon Echo或Google Home的活跃用户。在每个调查类别中，家长每周比非家长进行更多的声控任务。

以下是家长至少每周一次使用声控音箱完成的任务：

- 71%——创建待办事项列表

- 70%——管理日历

- 70%——查看体育比分

- 69%——搜索有关当地信息
- 68%——使用计算器等

非家长群体中，超过一半（52%）的人每周至少完成前4项任务，48%的人完成最后一项任务，即使用计算器。家长群体则更有可能整天都使用他们的声控音箱，与非家长群体的67%相比，78%的家长群体通常会使用他们的声控音箱，这已成为他们日常生活的一部分。而且，与62%的非家长群体相比，76%的家长群体还会在做其他事的同时使用音箱。另外，在那些家长忙于与声控音箱互动的家庭中，孩子也喜欢用声控音箱做事，特别是用它听音乐。

以下是家长反馈他们的孩子在声控音箱上所做的事：

- 54%——听音乐
- 53%——玩游戏、听笑话
- 43%——询问信息
- 35%——在电视上播放内容
- 31%——使用计算器等

和早期体验者把它视为最新物联网技术设备不同的是，家长认为声控音箱可以使他们的一天变得更有效率。声控音箱正在慢慢发展成为真正的数字助手。技术革新产品终于成了真正实用的商品。

从卧室到浴室的语音助手

近年来，在拉斯维加斯举办的年度国际消费类电子产品展览会上，语音助手产品交易量巨大，主要原因是相关参展公司宣布他们各自的产品可以由市场引领者亚马逊Alexa推出。越来越多的公司宣布他们正在与亚马逊Alexa合作，将亚马逊的语音代理融入他们的产品之中。

现在，摩恩（Moen）的一款淋浴设施已经内置了Alexa。消费者无须在浴室中安装Amazon Echo，就可以直接与淋浴设施进行简单的对话。浴室附属装置制造商科勒（Kohler）则推出了Kohler Konnect，该产品采用语音技术，适用于淋浴器、浴缸、马桶、镜子和水龙头。而惠而浦（Whirlpool）推出的是智能洗衣机，并添加了Alexa语音控制功能。数字语音助手正在大规模向浴室和洗衣房进军，现实情况是亚马逊的Alexa基本上无处不在。无论他们身在何处，语音助手都将更多参与其中，帮助消费者做他们所做的事情。

语音助手在不断进化

智能家居语音助手越来越成为人类的依靠。亚马逊的Alexa拥有超过2万种技能，基本上是一些通过人与Alexa交谈来连接应用程序，例如通过亚马逊的Echo。当然，在许多情况下，消费者必须回想起技能的实际名称或功能才能执行这些技能，如"Alexa，播放NASA Mars"或"Alexa，购买机票"，从本质上来说，该设备是发现和打开移动App的捷径。亚马逊的Echo Look带有摄像头，因此用户可以让它来拍照，对自己的着装进行检查。Alexa可以做许多事，它可以控制智能灯、装置或安全系统，还能播放音乐。在我们家，至少会有一个人觉得，去星巴克排队点一杯咖啡似乎像很久以前的事了。星巴克App会追踪订单历史记录，然后通过Alexa来访问信息，在经过确认后，Alexa会说咖啡何时将会准备好，这时订单就生成了。

　　Alexa并不是唯一一个参与人们日常生活的语音助手。谷歌的语音助手，Google Home添加了手把手食谱教程。当人们在谷歌上搜索食谱时，Google Home的图标就会出现，提示食谱可以发送到Google Home上。然后，就是一步一步的操作指导，"好了，谷歌，开始食谱指导""好了，谷歌，下一步"等。除了在家，Google Home在外也能为你提供帮助，比如"好了，谷歌，打辆优步"。Google Home不是为应用程序打开一个窗口，而是打开了一扇通往谷歌知识世界的窗户。

　　就像Alexa一样，谷歌助手仍在不断学习新技能，比如兑换货币。增添了特色功能的谷歌助手就能用谷歌支付向朋友还钱。在美国，它还可以通过安卓或苹果手机上的智能助手免费向联系人收款。如果你没有注册谷歌支付账号，那么在智能助手被要求向别人付款时，你会立刻得到提示。资金是实时转账的，即使收款人没有谷歌支付账号。如果收款人有谷歌支付账号，那就会收到一封通知邮件或一条通知信息，这样收款人就可以提现。完成付款这一操作需要说，"好了，谷歌，要求Bob为今晚的演出付费40美元"或"好了，谷歌，付给Debby今天午餐费用12美元"。支付功能也被添加到像Google Home这样的声控音箱中。

　　智能家居助手仍然处在早期阶段，但发展迅速。尽管大多数（76%）消费者对智能手机或电视机等设备发送过语音指令，但根据德国市场研究机构GfK的研究，早期只有11%的消费者拥有亚马逊或者谷歌的语音助手。当然，早期拥有智能手机的消费者也只有11%。随着语音助手在家庭中变得越来越活跃，除了声控音箱，还将有其他更多的设备使用语音助手。

用语音遥控电视

　　除了亚马逊Alexa和Google Home，语音控制还应用在其他设备上。韩国LG电子推出深度学习技术ThinQ人工智能，并在最新的高端电视中配置高级图像处理器，使电视能通过开放智能平台LGs和第三方人工智能服务接收数百种语音请求。通过电视上的人工智能技术，LG电视用户可以直接对遥控器说话来控制电视。而且，ThinQ还可以作为智能家居控制中心，对其他智能家居产品实施访问，比如智能灯、声控音箱和智能吸尘机器人。然后可以通过Wi-Fi或蓝牙将它们连接到电视，从而使消费者可以通过电视遥控器对设备进行语音控制。

使用遥控器进行语音控制电视节目不是第一次创新。亚马逊Prime Video的遥控器就具有语音控制功能，用户可以在按下麦克风按钮的同时说出标题来查找电影。美国康卡斯特电信公司智能家居系统Xfinity Home设备上的语音控制系统也在不断发展，逐渐将电视遥控器转变为家庭语音控制中心。

LG正在深度学习技术DeepThinQ的基础上使用自然语言处理。消费者可以口头搜索信息、视频或具有特定内容的图像，例如"给我看冲浪视频""给我看这个女演员出演的所有电影""在这个节目结束时关掉电视"等，语音控制看起来是LG电视的一个特色功能了。LG在国际消费类电子产品展览会（简称CES）上推出业界首款8K屏幕，即88英寸有机发光二极管屏幕。该技术为4K屏幕提供4倍的面板分辨率。LG的竞争对手三星不甘示弱，也拥有强大的智能产品阵容。另外，通用电气公司（GE）的代表产品GE's C系列推出了支持语音的吊灯，消费者可以通过吊灯与语音助手对话。

为了简化家庭语音助手的操作，总部位于波士顿的Nuance

公司在CES上推出了"认知仲裁器"。这种人工智能驱动的技术通过单一界面连接，集成不同的虚拟助手、第三方服务和内容。认知仲裁器接听语音指令，然后将其传送给像亚马逊Alexa或Google Home这样的专门助手，使其执行任务。随着数字语音助手能胜任的家务越来越多，各种类型、新颖先进的数字语音设备正在不断进入市场。

用语音指令开灯

数字语音助手的适用范围很广，它们可用于回答问题，比如今天和明天的天气如何；可用于商业，比如用语音从星巴克购买一杯咖啡；或者控制其他智能家居设施。不只Google Home，亚马逊的Alexa也可以分辨出是谁在和它说话，并能正确回应对话的人，这使得语音助手变得更加人性化。

在美国，超过1/10的消费者拥有一个Amazon Echo或Google Home，百分比虽小，但总消费者数量庞大。例如，根据市场调研机构Parks Associates数据显示，一年内亚马逊就售出1500万台Amazon Echo设备。许多语音助手也不再仅仅是柜台装饰，全球市场调研机构eMarketer发现，3600万美国人每月至少使用一次声控音箱，客户人群主要为千禧一代。

长远问题是语音助手将用在哪些领域。根据Parks Associates的研究，语音助手的主要用途是一些可以独立执行的事务，比如查询天气或交通等信息、查找路线、播放音乐或设置提醒。研究结果发现，40%的智能灯泡用户使用Amazon Echo或Google Home来控制他们的设备。灯光亮度显然可以用智能手机的App控制，但许多消费者发现通过语音助手控制灯光更容易。Amazon Echo和Google Home是控制大多数智能家居产品的最常用设备。现在来看，许多智能控制都可以从简单又智能的灯泡开始，营销人员一直在密切关注这个市场，消费者去哪里，营销和广告信息往往就会紧随其后，跟着去哪里。

广告仍然是一座金矿

智能家居设备预计将会有大量的新广告。据一项预测，5年内将有7000多万户美国家庭会安装声控音箱。根据英国市场调研机构Juniper Research的预测，超过一半（55%）的家庭将至少安装一台设备，声控音箱的数量将超过1.75亿台。然而，单单靠卖声控音箱从消费者身上获得的收入是不确定的，因为在初始设备购买后，后续大部分服务基本上都是免费的。而这就是广告的来源。根据Juniper Research的预测，广告是语音助手最大的收入来源。到2022年，广告支出将接近190亿美元。"与其他形式的广告相比，基于语音互动提供的选择较少，广告可能更少"，研究员詹姆斯·莫尔说，"并非所有语音交互都是产品搜索，这意味着广告客户需要调整策略，建立以信息提供和销售为中心的品牌语音策略。"

这就是像潘多拉（PANDORA）这样的知名珠宝公司具有明显优势的地方，因为公司的大部分业务都是建立在无屏互动的基础上，它们也就完美地定位于无屏广告。到2022年，包括智能手机、平板电脑、个人电脑、音箱、联网电视、汽车和可穿戴设备在内的所有平台的语音助手设备数量将达到8.7亿。尽管智能家居助手数量众多，但大多数语音助手都将通过智能手机使用。5年内，语音助手的全球使用量将超过50亿，集成了数字助手的声控音箱设备全球使用数量预计将超过2.5亿，年均增长50%。语音是王道，这也意味着它可以成为新的支付方式，进入支付领域。

语音商务功能

虽然，语音助手发展已经走上正轨，但语音支付还有一段路要走。在美国，8%的成年人已经使用过某种形式的语音支付，其中包括语音商务，比如通过亚马逊Alexa的语音购买，即通过语音发起的个人对个人支付和语音控制的账单支付。这些都是BI Intelligence语音支付的研究成果。根据BI Intelligence对其专家组950名成员的调查，到2022年，将有7800万人使用语音支付，占全美人口总数的近1/3。

语音功能更强的硬件是促进语音支付发展的主要驱动因

素。例如，超过3/4的美国消费者拥有智能手机，超过一半的人拥有平板电脑。3/4的iPhone用户使用过Siri，超过一半的Android手机用户在他们的设备上使用过虚拟助手。另一个因素是Amazon Echo和Google Home等声控音箱设备使用量上升。该数量这些年一直在上升，BI Intelligence预测5年内智能家居设备的数量将上升到7300万，虽然这并不是说消费者对语音支付有很大信心。

现实是不管技术有多好，要想消费者采用新的行为习惯，需要较长的时间。例如，越来越多的消费者采用声控设备，但不一定会充分使用这些设备的声控功能。虽然有超过1/3的线上购物者拥有声控设备，但他们中的大多数人并不会使用这些设备进行购物。上述结论是数字市场营销公司Episerver在德国、瑞典、芬兰、丹麦、挪威、英国和美国等地对4000名成年网购消费者调查后得出的。

这些市场中有39%的消费者拥有像亚马逊Alexa或Google Home这样的语音辅助设备，但60%的消费者从不浏览这些设备的使用说明，只有27%的消费者通过它们进行购物。然而，许多消费者似乎愿意尝试新技术。例如，30%的受访者会对无人机递送感兴趣，34%的人会对超虚拟现实或增强现实感兴趣，更多（47%）的受访者对商场更衣室的智能镜子感兴趣，45%的受访者对使用店内平板电脑搜索产品和尺寸感兴趣。随着时间的推移，人们转向用智能设备进行购物的机会将越来越多。

人工智能也有助于语音支付。随着时间推移，计算机理解语音能力和机器学习能力会变得越来越强。当节省时间成为头等大事时，消费者想要使用语音支付也就有了许多理由。正如许多新技术得到采用一样，当然也会有一些理由阻止人们使用，例如，每项物联网研究都对其安全性表示关注。随着越来越多的消费者使用语音助手设备，购买的物品将会增多。通常来说，"说"一些东西比将它们用文字写出来更容易，这将越来越依赖技术水平，以确保机器听到正确内容并下达准确的订单。当然，这并不意味着在线销售创始商亚马逊购物将实现语音商务的转变。

用Alexa在亚马逊购物

数以百万计的消费者使用亚马逊Alexa来处理各种各样的事情。语音助手的数千种技能，从语音前端到常设应用程序，可以让消费者通过Amazon Echo设备与Alexa对话，从星巴克订购咖啡，告诉设备预约优步或让它询问记录器Fitbit你今天表现如何。然而，许多人不通过Alexa在亚马逊上购物。根据移动商务解决方案提供商Branding Brand的研究，绝大多数（85%）亚马逊购物者在亚马逊购买的次数为每月至少一次。Branding Brand的研究包括一项对1000名美国成年人的调查，这些成年人在亚马逊购物并为他们的家庭购买大部分商品。28%的消费者至少每周在亚马逊购物一次，3%的消费者每天购买。亚马逊的总销售量不成问题，但通过何种设备是另外一回事。人们通过台式电脑、智能手机、平板电脑进行购买。Alexa和亚马逊实体购物按钮会追踪每个设备。

亚马逊购物途径：

- 37%——台式电脑，通过网站
- 25%——智能手机，通过App
- 23%——智能手机，通过网站
- 7%——平板电脑，通过网站
- 5%——平板电脑，通过App
- 1%——Alexa
- 0%——亚马逊实体购物按钮

推动亚马逊约1/3销售量的首先是Prime会员，其次是最低价格，3/4消费者表示他们认为亚马逊通常提供最低价格的商品。尽管所有的活动都是在线上开展，但60%消费者表示，如果所住区域开设了亚马逊无人超市Amazon Go，他们将去那里购物。凭借着多年来建立的根深蒂固的购买习惯，尤其是一步购买流程，亚马逊Alexa具有强大的市场竞争力。

然而，使用声控音箱购物有望得到进一步发展。即使在声控音箱发展早期，语音购物也已经是一笔估值达20亿美元的生意，而它的估值预计在2022年可以增长到400亿美元。根据战略咨询公司OC&C Strategy Consultants对1500名声控音箱拥有者进行的一项调查，亚马逊预计将在家用音箱市场占据主导地位，使用家用音箱的美国家庭将增长55%。美国的三家科技巨头，亚马逊、谷歌和微软主导着2%的虚拟助手人工智能市场份额，而苹果则凭借其高端的HomePod声控音箱进入市场。

然而，调查显示，语音商务也有其不足：

● 只有39%的消费者相信声控音箱提供的个性化产品选择

● 语音支付倾向于价值低的商品

● 语音购物类别中只有39个购物类应用程序

● 只有44%的消费者认为声控音箱提供了最有选择价值的产品

然而，亚马逊仍占据优势。绝大多数（85%）消费者选择购买亚马逊推荐的产品。Alexa本身就是一个智能语音零售商。

当许多人开始与Alexa对话并交谈一些大事时，营销人员正忙于寻找新的方法来利用调查结果中发现的"声控音箱现象"。

语音助手还有点"笨"

围绕物联网出现了许多创新，汉堡王想出了另一个创意。这个快餐巨头制作了一个15秒的电视广告，结尾的文字为"好了，谷歌，什么是皇堡？"这句话触发了Google Home语音助手和安卓设备，它们就顺理成章地开始解释皇堡的组成原料。于是，谷歌瞬间成为媒体热点。该广告发布后不久，谷歌就关闭了商业广告在谷歌设备上触发任何内容的功能。

这已不是第一次电视音频触发家中智能设备。早些时候，一位小女孩通过亚马逊Alexa订购了一个昂贵的玩具屋，一位电视播报员报道了这个故事。这位播报员在电视上重复了这个女孩所说的话，"Alexa，给我定一个玩具屋"，这引起当地电视观众的抱怨，因为他们的Alexa也试图为他们订购玩具屋。

消费者仍然可以通过询问Google Home或安卓手机获取有关皇堡的信息，这些信息来自维基百科。如果你问亚马逊Alexa "Alexa，什么是皇堡"，回应会是"皇堡是由国际快餐连锁店汉堡王及其澳大利亚特许经营商Hungry Jack's联合出售的汉堡产品"。这被认为是第一个专门用于连接家庭设备的电视广告，但它可能不会是最后一个。此外，智能语音助手制造商对此如何应对也是要考虑的问题。

Alexa和超级碗

虽然亚马逊超级碗商业广告中的Alexa突然失声事件获得了广泛赞誉，但这家科技巨头还是不得不在幕后设计一些巧妙的技术，以阻断世界各地的设备向用户提供当地的天气预报。这则商业广告是这样的，一位女士在浴室里问："Alexa，今天的天气怎么样？"广告中，Alexa感冒了，无法完全回答。技术人员面临的挑战是如何阻断Alexa这个词在无意或广告时触发家用亚马逊Alexa设备。据说亚马逊创造了声音指纹识别技术，可以区分广告和真实客户的声音。剑桥Alexa机器学习团队的高级经理希夫·维塔拉德夫尼说："关键是抑制设备的无意识启动，同时又不错误地拒绝数百万每天和Alexa互动的用户。"

当许多Amazon Echo设备开始随着广播启动，就像超级碗的商业广告那样，相似的音频就会传输到亚马逊云计算平台AWS。据亚马逊语音识别主管马诺吉·辛德瓦尼称，亚马逊云算法可以检测来自不同服务的匹配音频并阻止其他设备响应。亚马逊承认当前动态指纹识别并不完美，但由于动态指纹的创建，高达80%到90%的设备不会对广播作出响应。至少，亚马逊在播出这个广告前就想到了这一点。尽管智能音响很流行，消费者也能从广告中看到这一点，但这并不意味着每个人都想有一台声控音箱。

语音助手适合所有人吗？

语音是物联网的一个主要组成部分，但并不是每个人都对语音指令感到舒适。的确，人们只要将智能手机拿近并相对安静地说"好了，谷歌""嗨，Siri"，或坐在电脑前轻声嘀咕"嗨，Cortana"，这些都是设备与消费者近距离时刻。然而，语音指令远远超出了人与智能手机或电脑之间的交互。更重要的是，现在需要语音指令与非近距离的个人化的数字助手进行交互。

这很像人在街上走或等待登机时戴着移动耳机，大声讲话。消费者正在重新训练对空气说话，期待他们的指令被听到和执行。事实证明并非每个人都想这样做。根据BI Intelligence对2600名消费者进行的一项调查结果，超过1/3（34%）的受访者还没有完全习惯在使用亚马逊Echo声控音箱及其声控个人助手Alexa时使用语音指令。

然而，语音指令技术正在变得越来越强大。斯坦福大学一项研究发现，语音识别比智能手机打字快3倍。此外，它的出错率也比打字低20%。有些人可能觉得对空气发指令不自在，有接近1/5的消费者只在周围没有人的情况下使用语音指令，有些人认为语音指令让人毛骨悚然。另一方面，大多数人说对Echo使用语音指令让他们感到舒服。当问及如果他们有Amazon Echo时，是否会用它去发出像播放音乐或开灯这样的语音指令时，消费者对私人声控助手的态度如下：

- 66%——会
- 18%——只在附近没有人会听到的情况下会
- 9%——我还是坚持用笔和纸
- 4%——太诡异了

等待Siri、谷歌和Cortana听到这个结果。

与数字语音助手打交道

企业从根本上改变消费者行为之后，接下来要处理的是家庭智能语音设备。随着家用声控音箱价格的下降，促使数以百万的设备进入寻常人家，人们有什么理由不喜欢声控音箱呢？它们可以播放音乐，回答问题，甚至可以根据要求讲蹩脚的笑话。然而，真正的压力就在眼前，这也是企业需要适应的。

前一章讨论过人工智能，声控音箱开始像它的名字一样变得越来越聪明。随着时间的推移，它们将了解与它们互动并采取行动的人的需求和愿望。声控音箱不会坐在那里等待请求，而是开始提出建议并做出推荐。就如同亚马逊多年前运用预测建模技术，以过去的购买信息为依据，提出产品建议。声控音箱将由此提升到一个新的水平，这就是企业需要提高的地方。

随着物联网的发展，品牌需要考虑客户未来的需求以及如何通过数字语音助手满足这些需求。正如大多数人已经想到的那样，创造"技能"去允许亚马逊Alexa通过语音接入公司的移动应用程序是一个基本要求，主要考虑的是入门成本。数字语音助手的第一阶段是允许通过语音指令访问移动App。这个步骤取代了在手机上直接打开应用程序。星巴克就是一个很好的例子，它更深入地整合其移动应用订购功能。我的妻子现在只需对亚马逊Alexa说："Alexa，给我点星巴克的咖啡"，而不是打开星巴克的移动应用程序并点击一些东西。就是这样简单。没有广告，只有服务，进一步将品牌打造成创新引领者。

声控音箱的下一阶段是成为家庭内外活动的中心控制点。随着数以百万的智能设备（包括家用电器）与家庭日常生活融为一体，数字语音助手将成为中央控制中心。消费者只需与他们的数字语音助手通话，就可以完成这项工作，而不是通过手机来激活智能家居设备甚至搜索某些东西。未来，消费者将习惯于使用他们的语音助手作为工具，不仅能控制家中的其他智能设备，还能帮助处理工作事务。数字助手将成为消费者的代理人和倡导者。

消费者会通过智能数字家居助手来重新整合他们的业务。一条来自消费者的语音指令可能初听起来很简单，但它实际上只是启动可触及多个企业和行业的事件的开始。以下是未来潜在的语音驱动方案，所有这些都是通过名为"You"的智能家居音箱进行演示。

场景一：

● 事件：客厅的灯泡烧坏了。

● 指令："嗨，You。我客厅的灯泡烧坏了。"

● 行动：首先，数字助手判断出它不是智能灯泡，而是已安装在起居室和家庭办公室的普通灯泡一样。然后快速查找附近灯泡零售商的位置。之后得出结论，附近的劳氏公司（Lowe's）和Home Depot是最好的零售商。接着查询这两个商店中60瓦和75瓦灯泡的库存和定价，通过计算，在这两家零售商中间做出最合理的选择。同时查看LED和其他节能灯的价格，以期为消费者节省电费。然后比较LED灯与智能灯的耗能情况，同时权衡消费者在客厅和家庭办公室使用智能照明的频率。因为所有操作都通过声控音箱来完成，所以得出智能灯的使用频率很高的结论。随后检查百思买、Home Depot和劳氏公司的库存，查看智能灯是否有货及其价格，通过计算得出智能灯是消费者的最好解决方案。接着立即招标以获得智能灯的最佳价格，并获得沃尔玛的最佳报价。亚马逊即时匹配价格，并在第二天早上免费送货上门。

● 回复："都准备好了，查克。"

● 注释："我为您订购了一盏智能灯，并将它记账到您的美国运通卡上。我给了亚马逊一次性密钥代码，以便早上交付时打开门，并设置用前门摄像头监视器记录整个过程。设置为确认递送代理的面部ID来自亚马逊。"

● 商业含义：库存和定价随时可用，实时竞价搜索引擎到位，所有交付选项都与库存、定价和订购相连接，客户购买历史已关联，一切实时。

● 交互总时间：1秒钟。

● 对话回顾：

"嗨，You。我客厅的灯泡烧坏了。"

"都准备好了，查克。"

场景二：

● 事件：需要计划为期两天的亚特兰大商务旅行。

● 指令："嗨，You。我需要预订亚特兰大两天商务旅行的往返航班，周二离开。"

● 行动：数字助手会查看所有常飞旅客账户，以确定周二所有波士顿飞亚特兰大航班的飞行状态和可用性。查询结果显示达美航空（Delta Air Lines）是最佳选择，它大多为直飞航班，其次是美国航空（American Airlines）。查看谷歌地图，了解驾驶前往机场的最佳时间。识别具有最多可用座位的航班。评估最近10次商务旅行并记录客户在上午10点离开的航班，向达美询价以获得最优惠的价格。由于美国航空有最优惠的价格，所以和达美进行一次比较，达美价格稍高，但可以免费升级至头等舱，最终选定达美航空，达美航空预订的航班和数字代理预订的过道座位，与过去的航空公司座位相匹配。计算到机场的驾驶时间，并联系优步在正确的时间前预订汽车。分析回来时的最佳乘坐率，并注意到当时Lyft的平均价格低于优步，因此保留Lyft，将在周四从机场返回时乘坐。最近5次去亚特兰大旅行，确定旅行者住在亚特兰大机场希尔顿酒店，因此助手在那里预订了房间，可于当天取消预订。提供美国运通信用卡作为预订房间的担保。搜索酒店经理的联系信息。向经理发送信息"我是查克·马丁的助手，我想告诉您他是钻石会员，已预订周二入住贵酒店。如果您有空房并把它升级，我们将十分感谢。查克的助手。"之后查看联系人列表，看看在亚特兰大是否有最近联系的朋友，并注意到消费者在过去7次前往亚特兰大的旅行中有两次与同一个人会面。查阅电子邮件历史记录显示，查克和布莱恩之间的正面评论率为88%，并注意到"未来再次聚会"

的建议，于是向布莱恩发送一封简短电子邮件，说"我正在安排查克的行程，并且想让您知道他将在周二在亚特兰大待两天。我不确定他最后的行程，但我想告知您一下，或许您的日程安排可以允许你们会面。祝一切顺利。查克的助手。"最后将所有的旅行细节输入查克的日历。

● 回复："一切都准备好了，查克。优步将于周二上午9：30到您家接您。如果您想在亚特兰大拜访布赖恩·麦考德，请告诉我。"

● 注释："我预订了最好的航班，让您升级到头等舱，预订了您常住的希尔顿酒店，告知了布赖恩·麦考德您会在亚特兰大，也许你们想要会面。"

● 商业含义：飞行常客身份与座位收入，当天预计的旅行负荷，计算该常客的总体价值，将过去的飞行行为与之前的飞行模式相匹配，汽车服务与搭车服务竞争的能力，制作云电子邮件历史，比较优步和Lyft为旅行者提供去回程接机。

● 互动总时间：1秒钟。

● 对话回顾：

"嘿，You。我需要预订亚特兰大两天的商务旅行的往返航班，周二离开。"

"一切都准备好了，查克。优步将于周二上午9：30
到您家接车。如果您想在亚特兰大拜访布赖恩·麦考德，
请告诉我。"

家庭中的智能数字助手将成为创建语音触发体验的渠
道。他们将发展成为消费者的真正代理人。这意味着，企业
不会与消费者谈判，而是与客户的数字助手进行谈判。声控
音箱这个称呼实际上有点用词不当：它们是通过人工智能推
动语音体验的语音激活网关。在做此类产品营销时，需要考
虑下面这些要素：

● 澄清价值——价格只是交易的一个要素，任何消费
者都可能会被价格之外的因素诱惑。确定每个特定交互中
什么最重要，这可以基于消费者过去的行为得知。

● 考虑竞价性定价——考虑目前的竞争格局。对于零
售产品价格，实时参照亚马逊和沃尔玛。

● 匹配库存——物联网允许供应、需求、价格和位置
实时匹配，组织并进行相应的调整。

● 实时行动——现在是交易时机，没有第二次机会。
让新消费者进行尝试。

● 服务思想——物联网是为了让消费者的生活更美

好，让一切事都变得更简单。

语音驱动的交互只会随着数字语音助手的大量推广而不断增加，这些只是智能家居的一部分。关于智能家居，我们将在下一章中重点介绍。

DIGITAL
TRANSFORMATION
3.0

04
比优质管家更贴心：
超乎想象的智能家居

智能家居设备将转变企业的业务模式，让产品、服务的设计和创造重新成为业务重点。起初，消费者或许只购买一台简单的互联网连接设备，但随后就会有更多的消费需求。研究表明，安装智能家居设备的消费者通常对这些设备非常满意，因此这些产品的市场影响力在迅速扩大。一旦消费者拥有了一台智能家居设备，他们的行为和期望就会开始改变，这种变化也会影响到他们对其他公司的期望。三星等一些公司已经预见到了这一点，于是他们决定生产智能电视或可连接互联网的电视。LG和康卡斯特公司（Comcast Corporation）亦是如此。在互联网连接设备上增设的语音控制功能正在改变消费者与家居设备的互动方式。消费者不再通过电脑或手机搜索信息，而正在学习向智能语音助手寻求答案。商家必须要把很多事务整合到这个生态系统里面，这样才能让消费者用语音与之互动。

　　消费者通常是经过深思熟虑后才会购买一台智能设备，而很少出于一时冲动。譬如，消费者可能已经看过亚马逊智能音箱Echo的电视广告，因此，他们对智能音箱的功能有了一点了解。在查找亚马逊智能音箱Echo系列的所有产品时，消费者可能会查到Echo的竞争对手谷歌智能音箱Home的系列产品，比较后做出决定。消费者在百思买网站上会查到智能灯可以通过智能手机进行控制；使用康卡斯特电视服务的用户会得知，只需要对康卡斯特遥控器说话就可以控制智能家居设备；亚马逊的Prime用户可以借助语音来使用亚马逊遥控器查找节目或电影。虽然这些产品通常被称为智能家居，但实际上只是因为安装了智能或互联网连接设备。因此，人们正在要求更多的企业在其产品上增加智能或互联网连接功能。通用电气公司已经拥有智能照明天花板装置，科勒公司开发出了智能镜子，乐金公司推出了智能吊扇，惠而浦公司则有了智能洗衣机。智能家居设备除了为消费者提供便利之外，还将改变他们对每一项处理事务的期望。本章将详细介绍智能家居市场规模的现状。

智能家居设备的普及率

购买和拥有智能家居设备的消费者数量取决于如何认定智能设备以及如何统计智能设备的数量。譬如，如果把智能电视也算作智能设备，那么拥有智能设备的人数将会相对较高，因为现在销售的电视几乎都是智能电视或可连接互联网的电视。

一些研究将智能电视计算在内，但也有一些研究是将智能电视排除在外的。

一项研究发现，智能电视在美国互联网用户中的普及率已经达到了39%。该研究报告称，80%的美国消费者现在声称已经拥有了智能家居设备。这项研究是计算机技术服务公司Plum Choice和全球领先企业组成的智能家居标准组织Z-Wave联盟委托Matter通信公司对美国近1000名成年的互联网用户进行的调查。但这项由市场研究机构BI Intelligence开展的研究没有将智能电视纳入智能家居设备的范畴，因此结论是美国的智能家居设备总数为3900万台。市场调研机构Parks Associates的一项研究发现，美国每2600万宽带家庭至少拥有一台智能家居设备。至于拥有智能设备的家庭比例，各项研究得出的数字也各不相同。根据媒体研究公司The Diffusion Group对2000名美国成年人进行的一项调查，如果将可连接互联网的电视算作"智能"家居设备，那么3/4的宽带家庭都拥有一台智能设备。普华永道对1000名美国成年人进行的一项调查发现，1/4的消费者都拥有一台智能家居产品。

研究总体呈曲棍球棒式增长趋势。最新研究发现，智能家居设备正在美国逐步流行起来，1/3的消费者拥有两款或两款以上的智能家居设备。捷孚凯市场研究集团（GfK）通过此项研究发现，大约一半（49%）的美国消费者拥有至少一款智能家居设备，多数人（58%）表示，智能家居可能在未来几年改变他们的生活。这项研究对1000名美国成年互联网用户进行了调查，智能家居被定义为除智能电视、智能机顶盒和健身设备外的其他互联智能家居设备。

消费者认为当代新技术中，智能家居最有可能影响他们的生活。

超过1/4（27%）的消费者拥有三种以上的智能家居设备，另有7%的人拥有两到三种。尽管有一半的消费者至少拥有一种智能家居设备，但消费者中千禧一代的智能家居设备拥有率更高，达到了64%。目前使用的智能家居产品包括数字助理设备（21%）、智能恒温器（18%）和智能咖啡机（14%）。

捷孚凯负责技术和耐用品的商业主管汤姆·奈里表示："对今天的消费者来说，智能家居已成为现实，而不仅仅只是科技行业或者营销术语。""智能家居设备和服务正在成为人们日常生活的一部分，让这些设备同步工作的优势真实可见，尤其是对于家庭娱乐和家庭安全系统来说。"研究发现的一个潜在问题是大多数千禧一代（68%）希望设备能够相互交流，但事实并非如此。

无论哪项研究中的具体数字是多少，智能家居设备使用的上升趋势都很明显。大量研究表明智能设备的应用面临着各种各样的障碍，最明显的在于价格和安全性方面。随着时间的推移，人们对智能或互联网连接设备优势的认识将变得更加广泛。更重要的是，随着创新、处理和传输速度的发展，智能家居产品公司的实际收益将会增加。而还有一个问题需要解决，那就是人们愿意为智能家居服务花多少钱。

智能家居服务的收费情况

消费者心中有一个他们认为智能家居物有所值的价格标准。对大多数消费者来说，最低价格应该是每月20美元左右。Parks Associates的一项研究表明，美国有一半的宽带家庭认为，每月20美元以上的综合智能家居服务物有所值。而少数高端消费者则表示，智能家居服务每月费用应当在50美元以上。

普华永道会计师事务所的一份调查表明，1/4的消费者拥有一件智能家居产品，而且价格是令消费者在购买时犹豫不决的最主要的原因。高德纳市场调研公司（Gartner）所做的一项全球调研显示，10%的全球家庭拥有互联家居系统，而这个比例在美国家庭中略高。市场上智能家居相关产品分为两类。一类是智能家居设备，消费者可以购买和安装；另一种是智能家居系统，通常由专业机构安装和维护。下面Parks Associates的研究至少说明了一整套智能家居系统面临了什么样的价格壁垒。

消费者认为智能家居物有所值的价位：

- 23%——每月11美元到20美元

- 20%——每月1美元到10美元

- 18%——每月21美元到30美元

- 13%——每月41美元到50美元

- 12%——每月31美元到40美元

- 9%——每月0美元

- 7%——每月超过50美元

当然，对于什么是全面的智能家居服务，每个人的认识不尽相同。但至少，智能家居市场已然初具雏形，智能家居服务供应商知道为消费者提供什么样的服务，可以不断地赚取利润，也知道获利的多少。更为重要的是，智能家居的种类繁多，可以满足消费者不同的需求。

智能家居的类型

并非所有的智能家居系统都是一样的。基本上有两种类型：一种是专业人员安装的，另一种是自己动手安装的。在拉斯维加斯的国际消费类电子产品展览会上，这一分类更为明显。家庭安保系统公司ADT、布林克安保公司（Brinks）和开利公司（Carrier）借助其专业的安装能力来推销家庭安全系统，而美国联合技术公司旗下高端安防品牌Interlogix推出的UltraSync Smart Home手机应用程序的经销商则认为，消费者希望自己购买和安装这些系统。当然，这两者都是正确的，这与市场的分类有关。美国市场研究机构BI Intelligence的一项研究表明，由公司进行安装的智能家居市场在稳步增长，而由用户自行安装的智能家居市场在普及率方面发展不足。

这项研究结果是依据BI Intelligence调研小组对160名美国成员开展的市场调查得出来的。调研结果显示，除了亚马逊Echo或谷歌Home等声控音箱外，最受欢迎的由用户自行安装的家居设备的销售也相对低迷，其中四分之一的消费者拥有一款或多款智能家居设备。预计到2021年将会有1400万户家庭拥有由家庭安保系统公司ADT等传统公司所安装的智能家居系统。

与此同时，许多知名企业仍在全力进军智能家居市场。例如，苹果公司的Apple Home、谷歌的Google Home智能家居系统。有一些公司涉足该市场只是为了强化其核心业务，譬如，用户可以使用亚马逊智能音箱Echo系列产品的语音订购功能，在亚马逊Prime会员专区购买商品，尽管这可能不是消费者的主要用途。Google Home可以帮助用户在谷歌上进行语音搜索。

用户最常使用的Echo功能：

● 85%——计时

- 82%——播放歌曲

- 66%——阅读新闻

- 64%——使用闹钟

- 62%——查看时间

- 46%——控制智能灯

- 45%——将物品添加到购物清单中

- 41%——连接付费音乐服务

- 32%——在亚马逊Prime会员专区购物

- 30%——控制智能恒温器

众多消费性技术公司断定智能家居市场将继续受到消费者的关注。苹果、谷歌等公司从销售智能家居设备上所获得三项关键收益是：（1）能够收集和分析消费者购买家居设备的用途数据；（2）了解消费者个人概况，用于研究消费者行为，提升广告销售的针对性；（3）能够通过空中下载技术更新家居产品，避免重新召回产品的潜在麻烦。与其他研究结果类似的是，BI Intelligence的研究同样发现，阻碍智能家居产品广泛使用的因素主要是昂贵的价格、薄弱的消费者意识和技术碎片化，但这些均不是至关重要的问题。从乐观的角度来看，一旦消费者拥有了智能家居，他们肯定会感到满意。

消费者的看法

当谈及智能家居技术时，多数消费者对此有所认识，但拥有智能家居设备的人却不多，不过，几乎所有的拥有者都非常满意所购买的家居产品。普华永道所开展的深度"焦点小组"研究以及针对1000名美国成年人的网上调查显示，在美国1/4的消费者拥有一件智能家居产品，他们对智能家居技术在未来日常生活中的运用感到兴奋。大多数（65%）消费者称，他们对智能家居技术进入未来家庭生活而感到兴奋。其中，约1/3的人非常看好智能家居技术的前景。尽管未来前景乐观，但智能家居技术的用户使用率远未达到大众市场的规模。对于那些没有任何智能家居设备的人来说，购买时最大的顾虑是价格、隐私和安全。

阻碍人们购买智能家居产品的因素：

- 42%——价格
- 17%——隐私和数据安全
- 7%——实际需求
- 6%——复杂性
- 5%——相关性/实用性

由于大多数消费者表示，如果付款方案合适，他们更有购买意向，因此消费者在购买智能家居产品时或许会获得一些补贴。不过，上述因素似乎都不足以促使消费者购买智能家居设备。

购买第一款智能家居设备的原因：

- 12%——想更好地管理住宅
- 10%——想提升房子的安全性
- 10%——想增加便利性
- 10%——负担得起，只是想试一试
- 9%——想提高生活质量
- 8%——这是我最喜欢的科技品牌发布的产品
- 7%——想提高生活和工作效率
- 6%——为了节省生活开支
- 5%—— 想与其他技术设备联网
- 3%——想追踪个人信息
- 1%——想提升房子的价值

人们购买的原因是多种多样的。从市场营销的角度来看，人们至少正在逐步认识智能家居技术——普华永道的研究显示81%的消费者了解这项技术。对于智能家居设备的经销商来说，最好的消息莫过于购买智能家居产品的消费者喜欢他们的产品。有调研显示，几乎所有（98%）消费者对他们的智能家居设备满意，其中大多数（74%）表示非常满意。

智能家居互联设备

论数量，市面上的网络互联设备以百亿计。全球市场咨询公司Frost & Sullivan预测，到2023年，全球联网设备的数量将激增至450多亿台，年增长率为20%。另一项预测称，全球联网设备数量未来四年将达到200亿台，还将增加100亿台。根据美国市场研究公司Strategy Analytics的预测，到2020年，联网设备总数将达到500亿台左右，智能家居是其增长的主要驱动力之一。

有趣的是，智能家居设备将在2021年取代智能手机，成为互联物联网设备的一部分。然而，增长率是一个问题。虽然物联网在早期将以每年17%的速度增长，但到2021年，年增长率将降至9%。就物联网的规模而言，个人电脑作为最早的网络连接设备，现在只占整个市场的5%，而市场增长的前提是更多的消费者了解智能家居设备及其功能。

消费者意识

先有智能设备，然后才有了解智能设备的消费者。但问题是，智能设备数量远远超过熟悉它们的消费者人数。大多数人都熟悉智能手机和智能电视，因为名义上讲，今天购买的几乎所有手机或电视都是一种智能设备。然而，一项研究显示，除了这两种设备之外，大多数消费者并不熟悉其他网络互联设备，譬如智能门锁和智能恒温器。根据Parks Associates对10000名美国成年户主的调查，只有不到一半的人熟悉智能可编程恒温器，熟悉智能门锁的人甚至更少，即使是智能音箱也不在人们熟知物品的榜单前列。

智能家居设备熟悉程度：

- 80%——智能手机
- 59%——智能电视
- 40%——智能可编程恒温器
- 39%——智能手表
- 34%——带有个人助理的智能音箱（譬如亚马逊智能音箱Echo）
- 30%——网络摄像头
- 29%——带视频通话的智能门铃
- 28%——智能门锁

尽管如此，智能家居的普及率一直在增长，超过1/4的宽带家庭拥有一台或数台可以使用智能手机打开或关闭的家居设备。Parks Associates称，最能说明问题的是，宽带家庭中只有10%的消费者使用个人助理或手机应用程序来控制家中的智能设备。智能灯和智能恒温器仍然是通过人走到近前或者手动操作来开关。消费者们必须在熟悉这些设备之后，才能学会远程

控制它们。物联网市场的增长与其说受制于技术，不如说受制
于消费者对它的不了解。当然，还有价格问题。

智能家居设备的成本

消费者正在购买智能家居设备，但数量没有达到某些人想
要的那么多。在过去几年里，许多精通科技的消费者很早就进
入了市场，拥有这种设备的消费者数量也不少。美国市场研究
机构BI Intelligence对美国900名千禧一代消费者和商界领袖进
行了调查，其调查结果显示，美国已经安装了超过3900万台智
能家居设备，到2022年，这个数字预计将飙升至7300万台。在
这项调查中，智能家居设备被定义为家庭中任何与互联网连接
的独立物体，既可以远程监控，也可以远程控制，并具有"非
竞争性"的主要功能。因此，这涵盖了所有的智能家用设备、
安全设备（譬如智能锁）以及智能能源设备（譬如网络恒温
器）。

并不是每个人都知晓智能家居设备及其功用，因为许多产
品的广告和营销还没有达到显著的规模。此外，消费者不购买
智能家居设备显然还有其他原因，最重要的就是价格。

消费者不购买智能家居设备的原因：

● 32%——价格昂贵

- 21%——不符合需求
- 17%——认为用不上
- 8%——不相信技术

如前所述，市场上基本上有两类智能家居系统。一类是由专业公司安装的，另一类是由用户自行安装。"价格昂贵"的这一障碍对于智能家居市场发展影响巨大。例如，该研究指出，Nest智能恒温器的零售价为250美元，而霍尼韦尔普通恒温器的零售价仅为16美元。然而，智能家居设备的品类愈加繁多，某类产品对消费者的吸引力较大。那更大的问题可能就是消费者是否有能力购买任何一种产品。

收入影响设备购置

消费者购买智能家居设备的原因不尽相同。有人可能想享受远程控制恒温器的便利，有人可能想要使用像亚马逊Echo或谷歌Home这样的智能音箱来提问，还有人可能想要使用智能安全摄像头来监控来往人员。然而，可能还有另外一个影响购买决定的因素，那就是收入。总体而言，与收入较低的消费人群相比，收入较高的消费人群中，拥有或者计划购买智能家居设备的人数较多。例如，美国市场研究公司Global Web Index对15000名美国互联网用户进行的调查显示，在拥有或者计划购买智能家居娱乐产品的消费者人群中，收入高的消费者的人数超过了中等收入水平或较低水平的消费者；收入水平高、中、低群体比例分别按照前25%、中50%和后25%来划分。无论哪一种智能家居产品，收入最高的群体中，拥有或者计划购买智能家居设备的人数均多于其他群体。此外，就每种智能家居设备而言，中等收入水平的消费者群体中，拥有或计划购买智能家居设备的人数多于低收入水平消费者群体。

高收入消费者计划购买的智能家居设备：

- 69%——智能家居娱乐产品
- 45%——语音控制智能助手/音箱
- 45%——智能家居实用产品
- 44%——智能家居安全产品
- 38%——智能医疗设备

但就产品种类而言，中等收入水平（中间50%）消费者群体中拥有或购买的产品种类与高收入水平消费者群体的有一定差异。

中等收入消费者计划购买的智能家居设备：

- 62%——智能家居娱乐产品
- 38%——语音控制智能助手/音箱

- 35%——智能家居实用产品
- 35%——智能家居安全产品
- 34%——智能医疗设备

这项调查没有考虑产品定价对购买意愿的影响，尽管其他研究发现智能家居产品的价格是影响购买行为的关键因素之一。无论价格如何，收入水平似乎也是一个因素。讨论过收入水平的话题后，接下来咱们再谈一谈智能家居用户在产品使用过程中都发现了哪些用途。

互联家居的普及

移动技术已经为大多数消费者提供了互联网连接，物联网同样帮助消费者实现家居设备的互联。尼尔森公司（Nielsen）所做的一项有关消费者如何利用科技保障家庭安全的研究，揭示了互联家居技术用户的个人简况以及他们要把各种家居设备连接在一起的原因。尼尔森公司对5900名使用或者喜爱互联家居、互联汽车、互联可穿戴技术的成年人进行了调查，目的是研究消费者如何在家里使用各种各样的联网技术，其结果显示，联网家庭用户62%为男性，38%为女性，用户的年龄大多在25岁至34岁之间。

消费者使用的智能家居科技：

- 58%——家庭自动化

- 57%——无线家庭安全系统

- 34%——智能无线音响系统、音箱

- 26%——互联家用电器

- 20%——智能家居助手

- 7%——其他通过Wi-Fi连接的设备

除了各种各样的联网技术之外，用户每天都在使用上述家用设备。

最常用的自动化功能：

- 70%——照明控制

- 68%——车库门控制

- 66%——访问监控

- 62%——制热、制冷控制

- 57%——音频/视频控制

- 56%——烟雾探测器、一氧化碳探测器

- 55%——电源插座、插板

- 50%——家用电器控制

- 49%——用水控制

消费者使用联网技术的首要原因就是安全性。绝大多数
（92%）家庭安保系统的用户均表示，使用家庭安全系统的原因
是为了安全性。拥有智能家居助手的家庭比例相对较小，但数量
很大，而且还在不断增长，因为消费者的购买需求非常大。

消费者最感兴趣的联网家居：

- 71%——无线家庭安防
- 64%——自动化家居
- 38%——互联家用电器
- 44%——互联无线音箱
- 43%——智能家居助手

安全性不是消费者的唯一关注点。消费者还对智能警示技
术和智能枕头感兴趣。前者可以检测出在家里人正常行为和模
式发生了变化，并向亲人发出警报，而后者可以探测到你何时
睡醒，在你睡醒时启动其他家居自动化功能。大约有一半的互
联家居技术用户希望单个设备即可连接整个智能家居系统，并
且愿意通过单个设备、服务或应用程序实现对整个家居系统的
控制。但我们目前尚未做到这一步。物联网技术仍处于发展阶
段。此外，也会有愈来愈多的技术手段把家庭中其他智能设备
连接在一起。

保家护院的智能安防摄像头

消费者在家中安装智能摄像头的原因有很多，但在节假日期间安装智能摄像头的原因主要是防止包裹失窃。一项针对1000名居住在独栋房子或城市公寓的美国成年人的调查显示，超过一半（53%）的消费者都遭遇过门外包裹失窃。这项研究是由康卡斯特公司（Comcast）委托韦克菲尔德研究公司（Wakefield Research）开展的，为的是将调查结果作为旗下智能家居平台Xfinity Home研发室内外摄像头的依据。近1/3（30%）的受访人曾被人从屋外偷了包裹，其中16%的人被偷了两个或两个以上的包裹。通常而言，在所有智能家居设备中，安防摄像头几乎是消费者购买数量最多的或者最想购买的产品。

未来还有更多的家居设备可供消费者购买和安装，包括视频门铃（20%）、智能恒温器（18%）和直播流媒体家庭安防摄像头（18%）。在节假日期间，视频门铃（37%）、直播流媒体家庭安防系统（35%）和可录制短视频的家庭安防摄像头（33%）被认为是最有用的智能设备。最重要的原因是，智能摄像头可以震慑潜在的包裹窃贼。

"我们已经看到安保摄像头能够威慑窃贼。" Xfinity Home平台总经理兼高级副总裁丹尼尔·赫斯科维奇表示，"他们不可能闯入屋内，摄像头在记录门廊盗贼或其他入侵者的身份方面能起到非常大的作用。"包裹被盗后，智能安防摄像头拍摄的视频可以通过电子邮件发送给警方或包裹递送公司。

摄像头也正在变得愈来愈智能。譬如，最新的Xfinity智能摄像头使用了康卡斯特公司的工程师所开发的一种人工智能驱动的计算机视觉算法，该系统可以跟踪运动物体，将物体置于画面中心并放大，呈现一副清晰的运动画面。消费者肯定预料大部分包裹是在前门失窃，因为79%的人在前门安装直播流媒体家庭安保摄像头。大多数消费者希望在节假日期间包裹能够送达门口。现在他们有了智能安保摄像头，可以在他们不在家时用来监控包裹。监控摄像头应当始终处于开启状态，但有时候，一些用户可能想把摄像头之外的其他互联家居技术都关闭。

智能家居的"暂停服务"功能

互联家居设备存在的问题之一就是它们通常处于开启状态。作为连接电视、流媒体电影、电话和智能家居设备的中枢，家居网络也把家里每一个人都连在了一起。然而，当全家人进餐时，问题就产生了：人们在进餐期间并不想保持家居网络连接。几乎所有（98%）的父母表示，进餐时切断网络连接设备对增进家人情感至关重要。前文所提到的调研结果显示，近一半（42%）的父母不记得家人上一次在脱离网络连接设备干扰下进餐是什么时候。

不仅父母对此有怨言，超过一半（52%）的父母称他们的孩子也告诉他们在全家进餐时应把自己的网络连接设备收起来。许多父母后悔让孩子拥有自己的网络连接设备，但事已至此，后悔也于事无补。近一半的父母表示，孩子对联网设备的痴迷损害了他们的心理健康。

康卡斯特公司数据似乎佐证了上述对家长的调查，它指出，其家庭网络控制应用程序上的"暂停设备"功能自推出以来已被使用超过500万次。这一功能也在康卡斯特公司的一次全美电视宣传活动中得到强调。康卡斯特Xfinity服务执行副总裁马特·斯特劳斯表示："这为家长提供了更好地控制互联网的工具。"斯特劳斯有4个孩子，他也是网络暂停技术的用户，不过并不是家里的每个人都支持暂停网络连接设备。"我只需按下一个按钮，就可以暂停所有设备。"斯特劳斯道，"我和妻子都喜欢这个功能，但我的孩子讨厌它。"

智能家居的技术支持

联网家居设备或智能家居设备似乎需要一些技术支持。至少那些购买此类产品的用户可能会有这样的需求。一项研究显示，有些技术问题由专业技术人员免费解决，有些则不是。Parks Associates的研究表明，超过20%的美国宽带家庭为一系列家居设备购买了技术支持服务。

　　获得技术支持的家居设备：
- 智能手机
- 智能手表
- 笔记本电脑
- 平板电视
- 家庭网络路由器

　　在上述设备出现问题时，有些问题得到了免费解决。具体而言，在获得专业技术人员帮助而解决问题的消费者中，有49%的人得到免费帮助而解决了问题，38%的人缴纳一次性费用后获得了技术帮助，6%的人在同意注册定期付费的技术支持服务后得到了帮助，5%的人延长了保修服务后得到了技术支持，3%的人利用已购买的技术服务解决了问题。

　　用户愿意支付的技术服务费用：
- 51%——每月9.99美元
- 49%——每月14.00美元
- 38%——每月19.99美元
- 34%——每月29.99美元

　　愈来愈多的用户希望购买包年的技术服务。一半的消费者

表示他们愿意每年支付49.99美元，而1/4的消费者愿意每年支付
199.99美元。技术支持服务将随着市场的发展而进一步提升。
据Parks Associates称，百思买是当今领先的技术供应商，专为
网络连接设备提供技术支持，但自从亚马逊决定提供家庭技术
支持后，就明显地受到了冲击。事实上，许多智能家居设备的
安装绝非易事。近1/5的智能家居设备用户表示，安装过程非常
不便。智能设备的经销商应该对此予以重视。因为只有1/3遇到
安装问题的消费者才愿意再次购买该品牌的类似产品。

智能门锁

智能家居的安全问题涉及两方面。一方面是物联网安全，
另一方面是用户住宅安全。尽管一些消费者正把注意力转向家
里的智能设备，但他们也在关注能让人进入（或阻止人进入）
同一栋房子的家居互联技术。Parks Associates的一项研究显
示，尽管价格相对较高，到2021年，智能门锁的销量仍将达到
200万件。5年内，其年销售额将突破3.57亿美元，普及率将增
长75%以上。然而，据Parks Associates调查，有一半的消费者认
为智能门锁和智能视频门铃的价格过高，认为智能门锁的平均
价格应定为220美元，相比之下，非联网门锁的平均价格为80到
100美元。

此外，还存在一个住宅安全隐患，即联网家居设备可能会

遭受黑客攻击，导致智能门锁功能失效。Parks Associates的研究表明，1/3的美国宽带家庭已经报告过智能家居设备存在的安全问题。尽管20%的宽带家庭表示希望购买智能家居设备，但普及率仍只有5%。无论是智能门锁安全问题还是其他家居设备安全问题，都是物联网的重中之重。除了帮助消费者完成某些任务之外，智能家居设备还能获取大量宝贵的消费者行为数据，其中有些个人数据是消费者自愿进行交换的。

智能设备数据共享

说到智能家居设备所收集的数据时，许多消费者情愿拿它们来换取优惠条件。优惠条件可能包括产品售价折扣或产品升级。Parks Associates的一项研究显示，大约有一半的美国宽带家庭愿意分享智能设备的数据，以获得价格折扣。40%的人愿意分享数据来更新和升级他们的产品。

Parks Associates的资深研究总监哈里·王称，支持智能家居、智能娱乐设备以及智能手机的主要通信技术是Wi-Fi，美国宽带家庭每月使用Wi-Fi产生的数据量占总数据量的70%。王称，"预估2015年至2020年期间，美国家庭购买23亿部以上的互联家居设备，因此，消费者在家里和家外的数据需求将继续增加。"上述研究还表明，超过3/4的美国宽带家庭在家里使用Wi-Fi进行网络连接。

　　尽管美国威瑞森通讯公司（Verizon）和美国电话电报公司AT&T等运营商的手机数据网络服务非常普及，但Wi-Fi已经成为标准的智能家居通信平台，因为消费者在家里安装的智能电视、愈来愈多的智能家居设备（如恒温器和安保摄像头）都是通过Wi-Fi网络连接在一起。各种研究发现，消费者会把自己的地理位置分享给某些基于地理位置的商业活动。这里的关键问题是，并不是所有人都愿意分享个人数据；而那些愿意分享的消费者，很可能也无法分享所有数据。因为有些数据是经由智能手机产生的，智能手机依然位居互联设备之首。

智能家居对战智能手机

　　智能家居设备方兴未艾，而智能手机热潮即将结束。一项研究显示，智能手机销量的年增长率将从2014年的30%降至2023年的4%。同时，根据英国市场咨询公司Ovum的报告：到2021年，人们所使用的联网智能设备数量将激增至150亿台左右。这场市场变革将引领苹果、三星等公司在虚拟现实、智能家居和其他新兴领域里寻找新的经济增长点。

　　Ovum的研究表明，到2021年，在40亿台进入用户家庭的智能家居设备中，亚马逊Echo和谷歌Home等数字语音助手总计1.92亿台，但它们在智能家居用户的家里和更广阔的应用领域里将起到至关重要的作用。交互式音频音箱提供了一种比智能手机或平板电脑更自然的方式来控制智能家居设备。

尽管智能手机销售将逐渐放缓，数字语音助手将继续增长，但智能手机仍是智能家居的关键组成部分。Ovum的报告还表示，到2021年，智能手机依然占据有史以来最受欢迎的消费设备的地位，其使用量超过50亿台。虽然语音控制可能更简单、更高效，但在可预见的未来，智能手机仍将是智能家居的控制中枢。当消费者出行时，他们在下榻的酒店也可能会碰到各种各样的智能设备。

未来酒店行业的智能家居

万豪国际酒店集团已与三星公司、列格朗公司联手打造下一代智能酒店客房，旨在利用移动技术和语音技术实现酒店住宿的个性化。万豪称，在万豪的物联网客房实验室里，客人可以向虚拟助理预约定时电话叫醒服务，使用全身镜进行日常瑜伽练习，申请房间清理服务；当客人启动淋浴时，热水器已经依照客人偏好设定好了适宜的水温，而且所有服务都是通过语音完成的。除了为酒店客人提供定制服务外，该项目还旨在为酒店的所有者提供"端到端"①的联网方案。

万豪国际拥有30个酒店品牌，在126个国家拥有6400家酒

---

① 指从最原始的状态，直接得到结果的过程。

店。其中包括万豪、丽思卡尔顿和最近收购的喜达屋连锁酒店。在该项目中，三星提供了自家的智能物联网平台ARTIK和物联网云服务平台Smart Things Cloud，以实现交互式照明和各种语音激活功能。致力于研究数字建筑技术的列格朗公司（Legrand），也有一个名为"艾略特计划"的物联网计划。万豪国际负责全球设计的高级副总裁卡里姆·哈利法表示，该项目旨在为酒店所有者和酒店客人提供服务。

"我们正在从酒店所有者、开发伙伴以及我们自己的品牌领导者那里寻求反馈，他们将帮助我们确认物联网在哪些方面可以更好地服务于他们的品牌以及品牌的目标客户。"哈利法对我说，"与此同时，我们正在利用实验室收集客户的反馈，因为他们才是最终用户。我们的目标是为他们创造一种直观体验。"语音命令运行模式尚未最后确定。哈利法表示："目前新建酒店的房间使用亚马逊语音助手Alexa的语音指令激活模式，但我们尚未做出最终决定。"

万豪国际采取双管齐下的方式来开展实验，一方面针对现有酒店的改造，另一方面针对新式酒店的设计。"万豪、三星和列格朗在我们的物联网客房实验室建造了两间客房：一间配备完整的物联网，让客人可以完全身临其境地体验新科技成果；另一间则是经过翻新的概念客房，将酒店所有者们想要的某些物联网体验与现有的酒店功能整合。"哈利法道："我们的目标是创建一个可以在整个酒店部署的联网方案，并且让客人能够进一步对他们的住宿环境进行个性化调整。"该实验室目前尚不对客人开放，不过万豪的一位高管表示，该公司后续将对酒店客房进行现场测试。万豪并不是唯一一家致力于探索未来客房和酒店技术的公司。

酒店服务业的智能化

各个行业方方面面都在经受物联网的影响，服务业也毫不例外。旅客从机场航站楼前往登机口时，可以使用"信标"技术获取更多位置信息。达美航空允许乘客追踪行李是否托运至飞机。美国箱包公司Tumi与美国电话电报公司AT&T推出一种行李定位器，可以借助AT&T的手机网络，精确地显示旅客行李的实时位置。

从酒店房间预订到登记入住，消费者也将会亲自体验到愈来愈多的智能化技术。米高梅国际酒店集团（MGM Resorts International）正在高科技的道路上不断前行。在波士顿举行的FutureM "未来营销国际论坛"年度会议上，这家全球知名酒店品牌的一名管理人员介绍了他们如何利用科技提升消费者参与度。但凡到过拉斯维加斯市的游客，都有可能见过或住过米高梅度假村酒店，譬如米高梅大酒店、宝丽嘉酒店、阿利亚酒店、迷拉吉酒店、曼德勒湾酒店和卢克索酒店。在会议间歇，

我与米高梅国际酒店集团的社交媒体营销和内容战略的副总裁
贝弗利·杰克逊探讨了技术发展现状和未来发展走向。

"对我们来说，技术的演变和转向是至关重要的，"杰克
逊道，"我们提供大规模的个性化客户体验。没有技术，这是
无法做到的。无论是人工智能、机器人技术，还是其他不断更
新迭代的技术，都起着关键作用。"技术的应用为的是提升酒
店住客的体验。"在我们思考推出新服务时，几乎我们一切工
作重心都离不开技术。除了房间里现有的技术之外，我们还将
利用新技术为客人提供新服务，譬如，让客人使用平板电脑、
'一键式'触摸感应、语音输入来控制房间各项设施，让客人
把房卡或者手机作为'通用钥匙'打开房间门，让客人走进房
间时，房间灯光亮度、浴室水温、百叶窗开合度都已经按照客
人的个人喜好自动设定完毕。所有这一切都是极其高端的个性
化体验，既可以用于娱乐业又可以用于服务业。因为消费者会
感受到你的体贴关怀，你可以借助技术来提供优质的客户体
验，而且还可以通过技术手段来跟踪服务质量，所以这至关重
要，这也意味着你会获得更大的机会增加市场份额和收入。"

像许多其他全球知名品牌一样，米高梅集团必须考虑并准
备好对智能化技术进行大规模的应用。"当你拥有4万张床位、
7万7千名员工和27家遍布全球的酒店时，与客户建立一对一的
关系会变得愈加艰难，因此应当依靠技术的优势。"杰克逊强

调，整个米高梅集团正经受技术创新巨轮的碾压，说到底，她只不过是这架巨轮上的一颗螺丝钉，在多数成功的企业技术创新中，高层管理人员是要身先士卒的。"我们所有人都拥有诸多机会。"

海上智能家居

乘坐未来邮轮的游客很可能会接触到机器人、虚拟现实、数字寻路器、数字个人顾问、互动手镯、3D电影和面部识别等智能化技术。据报道，皇家加勒比邮轮公司（Royal Caribbean）所建造的绿洲系列互联游轮"海洋交响曲"号是世界上最大的游轮，拥有诸多的物联网功能。游客可以通过面部识别、条形码和"信标"综合技术实现快捷、无障碍登船。这艘皇家加勒比邮轮配置2777间客舱，可搭载5500名乘客，设有"机器人酒吧"（内配机器人调酒师）。此外，这艘巨轮还拥有"虚拟阳台客舱"以及最先进的寻路技术。

由此可见，邮轮公司正在利用先进的互联技术提升游轮性能，这也算大势所趋。自诩为全球最大私营邮轮公司的地中海邮轮公司、嘉年华邮轮集团旗下公主邮轮公司都将最新的物联网技术加装在自家邮轮上。加装的新功能包括虚拟现实旅行策划、交互式手镯、交互式屏幕以及基于RFID技术和NFC技术的互联。而不想上网的游客可以不必理会这些功能，直接去邮轮阳台游玩。

除了智能家居之外，智能化技术还能为人们提供后台运行的故障检测服务，为的是把问题消灭在萌芽状态。

"料敌于先"的维修服务

无论消费者情愿与否，他们未来购买到的家用电器都是智能设备。在智能家居设备出现故障之前，用户可能会接到一个电话，提醒他们尽快找客服指派一名维修人员上门修理设备。这个故障维修提醒电话很可能来自美国最大的家电服务公司西尔斯家庭服务公司（Sears Home Services）。在波士顿的IBM天才峰会上，我和西尔斯家庭服务公司的副总裁兼首席技术官穆罕默德·达斯塔吉尔坐下来聊了几句。我大致了解了西尔斯公司将要怎么样利用人工智能来确保消费者及时接到维修提醒电话，并且保证今后维修人员在维修车上为每位用户备齐了正确的零件。"我们是一家为西尔斯商店所有售出家电设备以及美国境内所有售出家电设备提供维修服务的公司。"达斯塔吉尔称，"我们提供家电维修、保养、保护服务。"

"我们几乎为所有主要品牌提供服务，譬如惠而浦、美泰、三星等。此外，我们还兼营其他业务，譬如，我们会直接向消费者销售家电零部件。"达斯塔吉尔解释道，假如客户购买了三星品牌家电，并且与三星签订了保修服务，但客户基本上会找西尔斯公司修理家电，那会是颇具挑战性的工作。我们公司自进入这个行业以来，还从未帮助客户解决如此严重干扰他们生活的问题。说到底，我们自认为是一家提供隐患排除服务的企业，这意味着我们要帮助客户的家电设备消除隐患，防止它们出现故障。可当客户打电话要求我们维修家电时，客户已经处于情绪低落状态，因为家电故障已经给客户的生活造成了严重的干扰。

"当客户向我们请求维修服务后，他盼着两至五天后，我们的维修人员带着扳手和螺丝刀在规定时间段内准时上门，一次就能排除故障，而且希望维修车辆上备好了所有必需的零部件。对于客户五花八门的要求，我们早已司空见惯。如今我们所要面临的混乱局面以及物联网之所以对我们工作至关重要的原因是，目前互联家居设备的先进程度是前所未见的。这要求我们的维修人员不仅会使用螺丝刀和扳手，而且还能接入客户家电设备，运行诊断程序；能够为家电更新软件补丁程序；能够一个人读懂故障代码，并且明白其中意义。"

以往的情况是，消费者在购买一件家电时，会祈求它经久耐用，足够撑到他们购买新的替代产品，但这种现象正在逐渐消失。智能联网家用电器改变了整个消费模式。"这一行业的最低标准很快就会变成：消费者购买智能家电后，并不希望在家电发生故障后再等待维修人员上门服务，"达斯塔吉尔解释道。"用户希望售后人员能在家电未产生故障时就已经预见到故障隐患，因为用户不希望售后人员坐视他们的生活因家电故障而陷入混乱。""当你家里有小孩，而洗衣机和烘干机又发生故障时，你肯定不希望等待五天后才有维修人员上门修理，甚至连三天都等不了。你会说，'我在生活中离不了智能洗衣机。你们为什么不知道它会发生故障呢？你们为什么不知道这会带来灾难性后果呢？'"

客户期望的变化与客户行为变化有关，归根到底是由物联网的新功能引起的。"消费者将会逐渐意识到，现在有人在为他们管理智能家用设备。""在未来，当你购买一件智能家电时，你希望有人会为你提供远程管理服务。智能家用设备起码会告知用户：'我现在出故障了。'"达斯塔吉尔已经看到未来家电营销所发挥的重要作用。

"你现在不想去购买智能电视，但你期望现有的电视变得智能化。随着智能家居成为主流，人们会产生更多各式各样的期望，而市场营销的作用是让消费者的诉求成为智能家居的主流发展方向。让智能家居设备功能满足消费者的需求将会成为这一行业的最低要求。" 西尔斯家居服务公司每天要处理大约2万笔维修业务，涉及数百万件零部件。因此在正确的时间把正确的零部件装在正确的维修车上是一项挑战，也是IBM人工智能"沃森"一展身手的时候。西尔斯公司的宗旨是为客户提供预测性维护服务，这既可以通过电话指导用户进行故障隐患排除，也可以将所需的零部件预先准备就绪并装载于维修车辆上，从而方便维修人员上门提供服务。

智能家用设备通常会进行自我诊断和提早预测故障的发生。达斯塔吉尔称，"智能家用设备会为我们提供一系列信息。"他进而指出，在现阶段，我们可以在非智能设备上安装传感器，提高其智能化程度。"只要设备上有螺母、螺栓和齿轮，你就需要一位携带扳手和螺丝刀的维修人员。但现在的关键问题在于，维修人员走进你家时，他是否已经提前知道故障所在，并且带齐了维修必需的零部件，一次就把故障修好？"

关注消费者行为才能抢占智能化家居市场

首先，所有智能化家居设备厂商都应当认识到，所有家庭最终都将实现不同程度的智能化。有些消费者会在专业技术厂商的帮助下实现家居智能化，如美国威瑞森通讯公司、德国电信公司（Deutsche Telecom）、康卡斯特公司、英国天然气公司（British Gas）和亚洲智能家居平台（Asia Smart Home）。在这种情形下，消费者往往会求助于这些技术供应商，让所有家居设备协同工作。但随着新型的、个人智能设备源源不断地涌入市场，这种家居智能化方式可能在短期内显得捉襟见肘。其他消费者想自己动手设计和安装智能家居系统，因此他们会自行购买并安装所需要的家居设备。他们可能会把亚马逊、苹果或谷歌产品作为家居网络的控制中枢。总体来看，智能家居市场复杂多样。

消费者的个人情况和人口学特征可能影响智能家居系统的安装方式。譬如，一位婴儿潮时期出生的中年消费者或许想让家庭安保系统公司ADT或康卡斯特公司替他安装一套家庭安防系统，并且订阅了远程监控包月服务。与之形成对比的是，居住在出租屋里的一位千禧一代消费者，可能会选择在百思买购买一套便携式安防系统，便于随时携带。如果监测到有人试图闯入，这套系统可以借助家庭网络向用户的智能手机发送警报。不论消费者选择哪种安装方式，安防系统已经成为智能家居系统的一部分。

智能手机和联网电视的问世，让消费者有机会体验传统网络不具备的新功能，譬如消费者可以用手机订购几乎一切商品，还可以从美国在线影片租赁供应商Netflix网站或亚马逊会员专区观看新的娱乐节目。随着时间的推移，消费者将愈加了解智能家居设备带来的便利。不论人们是否愿意，愈来愈多的联网设备会进入家庭并影响人们的行为。

然而，一件家居设备拥有许多智能化功能，并不意味着每个用户会用到这些功能。例如，消费者可能会购买一台配有人工智能引擎ThinQ的乐金牌洗衣机，一台带有家居互联功能的博世牌洗碗机，或者一台配备智能互联技术的北极牌空调，这些设备可以通过各种智能语音助手来控制。现在智能家居设备的制造理念是把互联性作为核心功能。即使许多消费者拥有了上述智能家居设备，他们仍然会把衣服放进智能洗衣机里面，然后手动开启洗衣机；会把盘子放进洗碗机，从洗碗机的面板上启动洗碗程序；还会用遥控器对准空调，启动空调。不论一台家居设备的功能有多齐全，用户也不见得会用到这些功能。这与技术无关，而与用户行为有关。令人惊讶的是，时至今日，并非每个美国司机都拥有公路电子缴费卡E-Z Pass。

从另一方面讲，也有一些消费者完全接受智能家居，这将改变他们对所参与事务的期望。如前一章所述，任何商业产品或服务都可以通过亚马逊语音助手Alexa和谷歌助手等数字语音助手实现网络互联。消费者期望他们购买的智能家居设备能够与家中其他智能设备协同工作。他们也会希望借助智能手机、电视遥控器或语音助手轻松掌控整个家居系统。他们想让家居系统厂商能兼容所有家居设备，实现即插即用。享受过智能家居带来的自动化便利后，人们就会希冀工作能够实现自动化。如果消费者只需大声说出产品名，就能轻松订购产品，那么他们也会期待在工作中享受同样的功能。需要考虑的因素如下：

- 为细分市场做好打算——在一段时间内，一些消费者将继续按照他们一贯的方式行事，而另一些消费者将充分挖掘智能家居的潜力。这两种类型的消费者在家庭内外均保持一致的行为举止。

● 跟踪互联设备 VS 跟踪联网活动——监控互联家居设备的销售情况或许会产生不准确的信息。不要关注安装好的互联设备数量和类型，而要关注消费者与互联家居设备的互动行为。

● 监控用户行为，切勿监控设备——技术并不重要，最值得监控的是不断变化的消费者行为，这将抬高消费者对其他事务的期望。

● 借助互联设备实现联网——确保你的产品或服务能够轻松、远程、快速地从互联家居设备上获得。

● 从小处着手——借助互联设备与客户进行互动，但需要逐个逐次地开展。

● 节省消费者时间——消费者想实现事务自动化，为的是给他们节省出更多时间来做其他事情。因此，应把工作重点放在如何让消费者的生活变得更轻松上。

随着智能家居设备上购买产品和服务的过程日益自动化，新的消费者购物模式将会出现。互联家居设备以及智能电视等休闲娱乐设备会源源不断地产生海量的使用数据。各大厂商充分利用这些数据流才能摸准消费者的脉搏。

　　智能家居已经成为现实，其他一些技术也正悄然来到消费者身边，特别值得一提的是虚拟现实技术和增强现实技术。下一章我们将讨论这些逐渐变为现实的技术。

DIGITAL
TRANSFORMATION
3.0

05

超强感官体验：
虚拟现实和增强现实

虚拟现实可以把某人带到一个截然不同的世界，而增强现实则可以将部分数字化环境与物质世界结合起来。两者虽是单独的个体，但在数字化体验方面又有所交融。虚拟现实需要佩戴某种形式的头戴式显示器。许多相对低成本的头戴式显示器可以通过插入兼容的智能手机来使用。随着谷歌虚拟现实头盔的推出，这种类型的头盔首次获得了市场的青睐。而更为正式的沉浸式虚拟现实则需要更高端的设置，它们往往来自市场的领航者，比如脸书收购的Oculus公司产品Oculus Rift、HTC Vive等系列，这几款产品对计算能力都有着很高的要求。另一方面，增强现实则可以将数字信息叠加到人们在智能手机相机中所看到的内容上，这些通过摄像头观看到的内容最终将数据显示出来。虚拟现实短期内显得无比重要，而增强现实从长远来看则是更大的赢家，主要原因是增强现实可借助手机使用，而这几乎是消费者人人都具备的条件。最终，虚拟现实和增强现实都将融合到业界所称的混合现实中去。混合现实中的主要参与者是美国增强现实公司Magic Leap和微软。

虽然虚拟现实和增强现实技术存在了很多年，却一直没有得到普遍应用，因为早期的虚拟现实技术会使人感到眩晕恶心，而增强现实则几乎没有什么用处。这种状况直至全球畅销游戏"精灵宝可梦Go"使用了这两种技术才有所改变，游戏使其名声大噪。与此同时，除了游戏业，企业也开始探索创新方式，将新现实运用于商业中。虚拟现实在员工培训，向潜在游客展示目的地，展示在售楼盘和做市场调研等方面都有所应用。除此之外，由于虚拟现实在电脑上360度的可视性，它还可以用于广告宣传。

根据虚拟现实/增强现实广告公司OmniVirt的调研报告，360度虚拟现实广告的效果比传统广告要好得多。该研究从点击率、可视化以及视频完成率等各项指标对七亿则广告进行了分析，结果表明，360度虚拟现实广告在各个方面的效果都更胜一筹。研究发现，虚拟现实图像在点阅率方面的吸引力比标准2D图像高出300%，360度虚拟现实视频的完整观看率比同等2D视频高出46%。面对360度交互式视频，86%的用户愿意与视频进行互动。同时，该研究还发现，大多数360度视频内容的观看者都会直视前方，与向下和向右看相比，他们更倾向于向上和向左看。

比虚拟现实更强大的是增强现实，因为增强现实可用于现场指导使用或维修昂贵的设备，并且除了智能手机或平板电脑以外，不需要其他形式的头盔。同时，增强现实也无须体验者脱离现实，或与体验者所处的物质世界分离。本章会详述虚拟现实和增强现实的当前和潜在用途。

消费者对虚拟现实的认识

先有虚拟现实的存在，然后才有与之相关的现实情况。一项研究表明，尽管市场上销售和推广的虚拟现实头戴式显示器类型繁多，市场营销者还是无法从现有虚拟现实产品中获得更多的利益。然而，根据Forrester Research相关研究，从长远发展来看，虚拟现实不同于以往的营销渠道，它将转变营销体验。

基于两项大型美国在线网民调查基础之上的Forrester研究报告——《虚拟现实还未做好市场营销准备》就足以代表美国民众对虚拟现实的态度。该报告在绘制虚拟现实长期发展蓝图积极方面的同时，还明确了发展中的绊脚石：

● 消费者不了解——大约42%的成年人表示他们从未听说过虚拟现实头戴式显示器，而46%的人则表示从未见过虚拟现实的实际应用。

● 设备渗入的市场定位——传统广告商偏爱大众已经在使用的媒体，索尼游戏机或者谷歌虚拟现实平台等在商业上都相对较新。Forrester将整个虚拟现实头盔的早期市场定位于不到2%的成人群体。

● 内容成本高——虚拟现实内容的开发成本，从1万美元到远超50万美元不等。

● 制作技术复杂——使用虚拟现实内容需要与大量不同的合作伙伴联合，他们的系统通常无法相互兼容。

● "突袭"式品牌营销令消费者无机会体验——大多数品牌虚拟现实测试都从低成本的360度虚拟现实视频开始，通常为自助式，对消费者影响很小。

从积极方面来说，对虚拟现实设备感兴趣或目前正在使用虚拟现实设备的群体，对虚拟现实提供的各类活动都有很高的热情。

消费者对虚拟现实的兴趣：

● 86%——观看电影、电视

● 85%——玩电子游戏

● 84%——与朋友或者家人沟通、交流

● 82%——参观虚拟住宅、公寓

● 81%——购物

● 81%——与医生/医疗专业人员会面

- 81%——观看演唱会

- 81%——工作，视觉化工作场所

- 81%——与同事交流

- 80%——参加运动课

- 80%——在大学上课

- 79%——阅读杂志

- 77%——穿着搭配

从国际消费类电子产品展览会上虚拟现实的增长来看，虚拟现实在规模上发展迅速。然而，市场所关注的是消费者能否以及何时能在第一时间接受虚拟现实产品，尽管目前一些特定虚拟现实产品已经很受消费者欢迎。

消费者购买虚拟现实头盔的原因

虽然虚拟现实头盔的销售量每年翻一番，但虚拟现实尚未进入大众消费市场。根据一项跟踪研究，其主要原因是消费者对虚拟现实知之尚浅。市场调研机构Parks Associates研究表明，只有1/10的家庭打算购买虚拟现实头盔，游戏仍然是虚拟现实活动的领头羊。

消费者对虚拟现实的预期用途：

- 玩电子游戏

- 观看娱乐视频

- 虚拟旅游

- 观看现场活动（体育盛会、音乐会等）

- 社交互动

- 教育目的

- 购物

虚拟现实发展存在不少绊脚石。例如，了解虚拟现实技术的消费者不到1/4，对某种特定虚拟现实头盔的了解则更是少之又少。Parks Associates研究人员亨特·萨平顿表示，"多数消费者对虚拟现实熟悉度较低，亲身体验过虚拟现实技术的消费者不到13%。"市场份额中，三星Gear VR和索尼PlayStation分别占据前两位。美国虚拟现实头盔购买者中，31%的消费者购买了三星Gear VR，12%购买了索尼PlayStation。Parks Associates预测，到2021年，大约有7700万家庭将拥有一副虚拟现实头盔。一些业内人士正在致力于此，比如包括百思买、美国电视游戏和娱乐软件零售业巨头GameStop在内的商家正通过在店内展示虚拟现实头盔进行营销。

虚拟现实发展的最大障碍在于其价值定位。在Parks

Associates的调查中，大多数消费者愿意在家中体验虚拟现实技术，而超过半数的人认为不值得额外购买虚拟现实头盔，1/3的消费者在虚拟现实体验中感到眩晕或者不适。虚拟现实还有很多障碍需要跨越。

令人满意的虚拟现实头盔

虽然大多数人没有虚拟现实头盔，但有头盔的人似乎都很开心。美国商业策略和定制研究公司Magid Associates对1000位美国成年人（他们至少一周一次通过各种设备观看视频或玩游戏）的研究表明，无论是和智能手机还是和平板电脑相连，假期购买的虚拟现实头盔总能超出大多数购买者的预期。无论是哪种类型的虚拟现实设备，它们的满意度都大大超出消费者预期。

消费者认为出乎意料的性能：

- 64%——连接PC的虚拟现实头盔
- 63%——游戏机虚拟现实头盔
- 60%——适用于任何智能手机的虚拟现实头盔
- 54%——为特定智能手机设计的虚拟现实头盔

当然，我们一开始没有办法知道消费者的期望会有多高或多低。不管如何，头盔的满意度创下了新高。例如，适用任何智能手机的头盔满意度为85%，而为特定手机设计的头盔满意度为90%。总体而言，89%的消费者对虚拟现实购物感到满意。电子游戏持续成为虚拟现实最热门的内容，以下是消费者还可以体验的其他项目。

消费者使用虚拟现实头盔体验的虚拟现实内容类型：

- 63%——电子游戏
- 40%——短视频
- 39%——电影
- 31%——音乐
- 31%——虚拟旅游
- 29%——电视节目
- 26%——体育
- 19%——虚拟驾驶
- 17%——艺术
- 14%——极限运动
- 14%——食物和烹饪
- 13%——汽车
- 13%——虚拟培训
- 12%——时尚
- 12%——教育
- 11%——成人娱乐

- 8%——电子竞技
- 7%——网络购物

虚拟现实操作简单且物有所值，这两个最主要的特点也具有积极的意义。无论何种形式的虚拟现实头盔，几乎所有用户都认为它们易于操作，并且没有人觉得它们操作起来非常困难。超过80%的使用者认为虚拟现实的头盔物有所值。这两个指标有利于虚拟现实的口碑推广，也能激励虚拟现实营销人员更广泛地推广虚拟现实。此外，虚拟现实体验内容也在增加，其背后的技术也在不断发展。

国际消费类电子产品展览会上的虚拟现实

如果观众想知道哪里可以观展，拉斯维加斯一年一度的国际消费类电子产品展览会就是一个创新之地。该展览会只在一个会场（比如拉斯维加斯会展中心）的日子已经一去不复返了。现在的展会分布在城镇周围许多官方展览地点，包括会展中心、威尼斯人酒店、阿里亚酒店、蒙特卡洛酒店、永利拉斯维加斯酒店等。然而，每年都会在拉斯维加斯的金沙酒店地下室的尤里卡公园展出新产品。金沙酒店还是2018国际消费类电子产品展览会创新奖的展出场所（我是近几年该奖项的评委之一）。

每年的国际消费类电子产品展览会，我都会和传播营销代理商安索帕Isobar下属NowLab部门美洲区主管李·克里斯蒂仔细观看尤里卡公园展出的产品，他是研究增强现实、虚拟现实、物联网以及几乎所有可能以任何方式影响未来市场的营销和广告技术的专家。有一年，克里斯蒂向我介绍了无线虚拟现实头盔早期迭代背后的技术，之后一届的国际消费类电子产品展览会就展示了这项技术。在我们快速热情地参观完数不胜数的创新企业后，我询问了克里斯蒂对展出的看法，"尤里卡公园就是国际消费类电子产品展览会创新产品的最佳展地，所有世界第一和最具破坏性的技术项目都出自那里。我对大量增强现实头盔感到惊讶，仅在尤里卡公园就有至少半打。产品优化很快，公司间的竞争开始了。"

虽然还没有大规模采用，虚拟现实背后的技术仍在继续发展，而价格却持续走低。在一次展示中，克里斯蒂让我试戴了一些非常轻便的无线手套，它们能在虚拟现实体验中提供高精度的物体位置，并有选择物体与之交互的能力。克里斯蒂表示"我们看到虚拟现实的分辨率有了改进，视野也较以前有了扩大，而且色差降低，内外跟踪也更为稳定。也就是说，通过视频，假设这些顶级的虚拟现实系统可以随着低延迟（高速）的出现转换为增强现实，加上增强现实公司本身正在与Magic Leap和微软竞争，更不用说HTC Vive和Oculus Rift，大多数增强现实公司将难以生存。"

我问克里斯蒂在这次观展后，是否注意到市场导向的一些转变。他说："我注意到了两大趋势：智能耳穿戴和无标记增强现实。智能耳穿戴基本上就是智能耳机，它本质上是消费者与品牌互动的一个新兴接触点，这是让人如此兴奋的原因。智能手机也发生了同样的事情。由于成百上千的手机设备支持亚马逊Alexa和谷歌助手，在不久的将来，我们可以通过智能穿戴与个人人工智能助手进行长时间的对话，这一点也是有可能的。无标记增强现实是增强现实的一种，无须标记就可以获取深度信息、跟踪对象。这个行业的发展速度比大多数人预计的要快得多。例如，谷歌ARCore的运行需要的仅仅只是一个摄像头。我们只需要几美元的零件，再加上计算机视觉软件方面的人工智能，就可以跟踪几乎所有的东西。"

虽然虚拟现实取得了很大进步，但是其体验本身仍然显得孤立。人们戴上头盔，沉浸于虚拟现实体验，基本上脱离了现实世界。但这最终会演变为让更多人参与共享虚拟现实体验，"头盔"将进一步发展为增强现实。这是长期的发展过程，这项技术须克服制造头盔或者更准确地说制造眼镜的问题，让消费者觉得时尚可戴并且有足够的包装工艺。增强现实的另一个优点是它融合了现实世界和数字世界。

游戏开发者青睐增强现实

　　一直以来，虚拟现实被视作游戏行业的重要角色，但这也许正在发生改变，增强现实正取而代之。一项研究表明，虚拟现实头盔发布的游戏数量正在减少，而增强现实头盔发布的游戏数量则保持稳定。根据一项年度报告——基于游戏开发者大会对4000名游戏开发者的调查——尽管19%的开发者表示他们目前的游戏将在虚拟现实头盔上发布，但只有17%的开发者表示他们的下一个游戏也会如此。与此同时，7%的开发者表明他们目前以及将来的游戏都是为增强现实头盔开发的。虚拟现实头盔行业中，HTC Vive超越了Oculus Rift，成为最受欢迎的虚拟现实平台，并保持领先地位。

　　开发者兴趣：

- 33%——HTC Vive

- 26%——Oculus Rift

- 20%——索尼 PlayStation

- 18%——微软 HoloLens

- 11%——三星 Gear VR

- 10%——Magic Leap

- 9%——谷歌 Daydream

- 5%——谷歌 Cardboard

更重要的是，近一半的开发者表示他们对虚拟现实开发不感兴趣。甚至近1/3的开发者表示，他们不相信虚拟现实或增强现实是一项长期、可持续的业务，这一比例比2018年增长了25%。42%的开发者认为，五年后最主要的沉浸式现实将是基于手机的虚拟现实和增强现实；而21%的开发者认为将是基于PC或游戏平台；少数人认为这两种方法同样受欢迎。尽管虚拟现实头盔有了很大进步，包括之前在国际消费类电子产品展览会上的展示品。但看起来虚拟现实头盔被市场广泛接受还需要一段时间，至少对游戏业来说是如此。大多数人没有也不想要虚拟现实头盔，这成了虚拟现实应用的一个显著障碍。另一方面，增强现实技术的短期潜力要大得多，因为它需要的只是一部手机。

游戏业也朝着虚拟现实的方向发展。例如，国际商业机器公司与游戏引擎Unity合作将IBM Watson的人工智能应用到虚拟现实和增强现实游戏中。根据两家公司的声明，合作伙伴关系允许游戏开发者将Watson云服务集成到他们的Unity应用程序中，比如视觉识别、语音转换到文本和语言说明。

Unity标榜自己是面向消费者使用虚拟现实和增强现实的市场引领者，它的开发人员现在可以配置项目来理解用户的语音，并理解用户使用生活化语言的意图。对于游戏来说，玩家的语音可以被识别，用于触发游戏事件和在游戏中创建语音驱动的交互性。无论是虚拟现实还是增强现实，收益都开始喷薄而出。

虚拟现实和增强现实的收益

速度或许不快，但虚拟现实和增强现实的收益已经开始日益增加。在短期内，虚拟现实的消费暂时领先，但增强现实已经走上正轨，并将最终超越虚拟现实。市场研究机构Artillry Intelligence对虚拟现实和增强现实的营收预测报告显示，虚拟现实消费将在2021年增长至115亿美元。与此同时，增强现实消费在4年内将增长至158亿美元。这份预测报告包括头盔和智能眼镜等设备，不包括游戏主机虚拟现实和基于智能手机的虚拟现实。虚拟现实消费的营收在短期内将主要来自于硬件，但更多的营收会来自于应用程序、游戏和长文本，这些都会增加每位用户的消费金额。

虚拟现实的主流应用得益于主要厂商Oculus、索尼和三星的降价策略，预计虚拟现实将开始实现大规模普及。虚拟现实将继续保持领先势头，直至苹果智能眼镜的亮相（预计在2022年）。随着消费者智能眼镜的姗姗来迟，由"精灵宝可梦Go"带动的增强现实营收将转向硬件销售。去年，"精灵宝可梦Go"的营收达到了10亿美元，而开发商Niantic更于近日完成了2亿美元的融资。据了解，他们将利用这笔资金开发更多的游戏。当加入虚拟现实和增强现实的商业应用时，营收会变得更加显著。预计全球虚拟现实和增强现实总营收在2021年将增长至790亿美元，年增长率为160%。

有趣的是，两者的收入占比情况将有所改变。预计到2021年，虚拟现实只占营收的20%，而增强现实则占80%。Artillry指出，对于增强现实的发展道路，安卓阵营存在优势，拥有26亿台设备的它们远超只拥有6亿台设备的苹果手机操作系统阵营。随着时间的推移，更多的消费者将会拥抱物质世界和数字世界的融合。他们可能通过穿戴设备来感知世界，而不再是低头查看他们的手机。除了游戏，消费者还希望未来他们能利用虚拟现实观看电视节目。

电视与虚拟现实结合

观看电视节目将和虚拟现实结合起来。虽然虚拟现实头盔广泛用于游戏业，但世界各地的许多消费者希望在未来几年内，将虚拟现实技术用于电视和视频的观看。爱立信消费者研究室对12个国家（巴西、加拿大、中国、德国、印度、意大利、俄罗斯、韩国、西班牙、瑞典、英国和美国）的20万人次的年度调查显示，近1/3的消费者表示，他们想要通过虚拟现实头盔看电视，从而打消对大屏幕电视的需求。这些受访者家中都连接着宽带互联网，每周至少观看一次电视或视频。许多消费者期望他们的习惯将在未来几年改变，包括通过虚拟现实看电视。

以下为爱立信对消费者期望改变的习惯的调研数据：

- 30%——我希望在通过虚拟现实观看电视节目时，有身临其境的感受

- 29%——能与我的设备交流互动而不是使用按钮或者屏幕

- 27%——能从社交媒体上获得最多的新闻

- 27%——能360度全方位观看视频内容

- 25%——会比今天花费更多的时间观看视频

- 24%——会通过流媒体服务观看体育比赛直播

- 20%——不会再观看有线电视

- 18%——会比现在花费更少的时间观看视频内容

- 12%——不会在电视上观看新闻

- 12%——由于会在五花八门的内容中迷失，将减少看点播节目

- 6%——不会再通过大电视屏幕观看节目

当然，并不是每个人都认为自己的习惯在改变，近1/4的人认为自己未来五年不会改变。最大的变化是将虚拟现实作为一种个人体验，与他人一起观看同样的内容。超过2/5（41%）的

虚拟现实头盔消费者已经在自己的设备上与他人观看电影和电视节目，超过1/3的人与他人观看其他视频内容。

成本是虚拟现实发展的一个潜在障碍。计划购买虚拟现实设备的消费者中，超过一半的人希望头盔能够更便宜。此外，将近一半的消费者希望提供更多的沉浸式内容。如果他们能从电视和视频提供商那里得到一个虚拟现实附加包，1/3的消费者会对虚拟现实更感兴趣。

增强现实的成长

虚拟现实和增强现实已经存在了多年，就等技术成熟使其能够被大众消费者采用。游戏"精灵宝可梦Go"通过手机向消费者展示了增强现实的许多特征，让人们对增强现实有了些许了解。增强现实在未来很重要的一部分就是头盔，并且将赋予它更广泛的生命。根据市场分析机构Greenlight Insights的预测，五年内，消费者在增强现实头盔上的支出将占到所有可戴式头盔支出的一半以上（53%）。内容和软件支出预计每年增长78%，到2023年达到150亿美元。

Greenlight Insights的首席执行官克利夫顿·道森表示，"随着新型手持和头戴式显示器的推出，市场出现了一定的混乱，但令人兴奋的是新市场正在形成。我们预计增强现实头盔的普及速度将快于虚拟现实头盔，但不容轻易乐观的是，增强现实生态系统必须解决基础层面上的许多重大问题。" 短期内，增强现实头盔的增长率将相对较低，但在未来几年将迅速增加。

增强现实头盔预计出货量：

- 2020年：800万个
- 2021年：1500万个
- 2022年：2400万个
- 2023年：3000万个

正如可以预料的那样，到2023年，营收预计达到数十亿美元。预测增强现实市场的挑战之一是有许多未知数，尤其是各种头盔的成本，以及消费者是否愿意拿出那么多现金来体验增强现实。例如，期待已久的Magic Leap头盔预计售价在1200美元至2000美元之间。该公司已经筹集了超过10亿美元来开发一种可穿戴设备，并正在寻求更多的投资。当然，还有成本更低的替代品，比如增强现实初创公司Mira基于手机的产品，售价不到100美元。

Greenlight Insights表示，增强现实头盔的平均价格为950美元。作为预测的一部分，他们调查了2000名消费者，发现在那些想要使用增强现实技术的消费者中，最热门的活动是玩互动游戏、观看现场活动以及驾驶时导航。无论期望的用途是什么，增强现实的大规模应用仍任重道远。除去虚拟现实、增强现实纯粹的娱乐价值，人们也在利用这项技术进行消费者研究。

虚拟现实情绪评估

虚拟现实体验会把用户带到一个与现实世界基本隔离的虚拟世界中，所以市场营销人员面临的其中一个挑战是，如何了解身处虚拟现实体验的消费者正在发生什么事情。安索帕与麻省理工学院媒体实验室合作开发了一种了解虚拟现实、增强现实和混合现实体验内情绪状态的方法，用于捕获和分析虚拟现实中的行为数据。安索帕美国区副董事长，安索帕NowLab全球总监戴夫·米克表示，"在传统世界中，我们必须看着这些人并提出问题。如今，在应用程序内即可捕获所有的数据。"

安索帕最新的情绪追踪系统使用了眼动追踪、脑电图、电流皮肤反应、心电图和面肌电图。安索帕认为，虚拟现实用户的皮肤会显示出电阻变化，这是一种因情绪产生的物理化学反应。肌肉纤维收缩并从脸部生成微弱的电脉冲，而热图可以追踪它们的移动。技术组合使用给出的数据使安索帕的设计团队可以了解消费者在虚拟现实测试期间的感受。米克说道："我们的问题是足够理解情绪，并判断消费者是否愿意进行交易。这关乎品牌商业，这是关于在3D空间中评估情绪的问题。系统的目标是通过虚拟现实体验来衡量个人的情绪，以验证广告活动是否能够引发市场营销人员所期望的反应。米克说："品牌可以进入到虚拟现实的开放中，然后了解到这将是一次很好的体验。"

安索帕目前可以通过它的客户（如Wyndham）测试自己的虚拟现实装置。测试非常简单，大约只需15人体验虚拟现实不超过10分钟。研究人员可以远程查看结果，甚至可以进入虚拟现实应用中并进行重播，查看消费者的情绪在何时发生改变。最终，研究人员可以计算出如何监控人们在虚拟世界中漫游时的情绪变化。除了研究消费者虚拟现实或增强现实的体验环节，联网头盔的使用量增长预计还会给数据功能提供者带来一些压力。

虚拟现实与无线网络

虚拟现实的发展可能会带来一些意想不到的后果。当前，虚拟现实头盔的售价和收益持续增长，而头盔的使用需要大量的网络技术才能将更多的内容传送到屏幕上。国际数据公司IDC预测，到2022年，全球虚拟现实头盔市场将增长到6900万美元。虚拟现实市场的主体是基于智能手机的，因为大多数人都有手机而无单独的虚拟现实头盔。从长远来看，到2022年，三星Gear VR等无屏虚拟现实设备的市场份额预计下降9%，而独立头戴式虚拟现实设备预计在2022年增长到30%。与此同时，独立增强现实头盔的市场份额预计将在2022年增长到19%。

随着虚拟现实使用量的增长，数据流即将冲击移动数据网络。Juniper Research的一项研究表明，虚拟现实对数据流的影响将是显著的。他们认为，基于智能手机且独立的无线虚拟现实头盔，将在4年内产生2.1万PB以上的流媒体数据（1PB≈1千TB≈100万GB≈10亿MB）。总的来说，这是很庞大的数据。未来四年，无线虚拟现实头盔数据消费的增长将超过650%。据一项研究表明，虽然大多数的虚拟现实数据流内容是通过Wi-Fi传输的，但蜂窝网络（又称：移动网络）需要为此提供更多的技术支持来处理额外的数据消费。

短期内，虚拟现实将通过智能手机观看，而26%的数据流则来自连接个人计算机和游戏机的头盔。这与其他研究的结果一致。随着虚拟现实内容所需的分辨率和刷新率越来越高，一些国家将没有足够的数据处理速度。Juniper将虚拟现实定义为"一种利用数字资源中预先确定的音频和视频数据，使用特定的软件和硬件为用户创建交互式人工环境的技术"。虚拟现实即将面临的挑战是确保消费者能够实时获取音频和视频内容并与之互动。这对市场营销人员来说十分重要。Juniper指出，福布斯50个最具价值的品牌中，有一半以上已经在进行某种形式的虚拟现实推广。随着无线运营商计划实现更高速的通信未来，人们正在为新的现实寻找更多用途。

旅游体验中的虚拟现实和增强现实

逻辑上，虚拟现实不能代替旅游，但它能让我们对旅游洞悉一二。旅游不是购物，而是一种体验。这也就是虚拟现实、增强现实的用武之地。英国市场调研公司Opinium为全球独立支付业务运营商Worldpay进行的一项调查研究显示，全球大部分消费者表明他们愿意使用虚拟现实或增强现实体验旅游。这项研究采访了16000位（来自澳大利亚、巴西、中国、德国、日本、荷兰、美国、英国）对虚拟现实、增强现实有了解的消费者。

近一半（42%）消费者认为虚拟现实和增强现实代表着旅游业的未来。在选择服务级别或座位之前，消费者可以利用虚拟现实技术，参观任何想要预订的酒店房间或飞机的不同舱位。实际的旅行预订或支付不太可能通过虚拟现实来实现，因为将旅行细节、旅行日期、护照等信息传递给旅行社或通过个人计算机更容易。此外，根据Opinium的调查，超过一半（57%）受访者从未使用过虚拟现实。研究表明，在可预见的未来，虚拟现实主要仍将是一个完善旅行计划的平台，而非实际预订的平台。

增强现实在旅游行业也有一席之地。例如，谷歌翻译除了实时口语翻译外，还可以利用手机摄像头实时翻译标牌上的文字。然而，虚拟现实并不会对旅游行业构成威胁。在一项针对全球1000名成年人的调查中，在线旅游平台Italy4Real发现，超过3/4（81%）的全球消费者表示，虚拟现实无法取代旅行，几乎所有（92%）消费者表示，虚拟现实旅行不能取代目的地的实际游览。虚拟现实和增强现实也许不能取代旅行，但它们拥有改善旅游体验的潜力。

酒店行业与虚拟现实

酒店业也注意到了虚拟现实。未来物联网将以人工智能、语音激活、体验和虚拟现实的形式应用于酒店行业。根据一份报告，消费者觉得如果可以主宰自己的消费体验，他们愿意使用这些技术。甲骨文公司（Oracle）的《2025年酒店报告》对250家餐厅运营商、150家酒店运营商和700名消费者进行了调查，重点关注他们对未来八年科技在客户体验中所扮演角色的回应。从面部识别到酒店的虚拟现实旅游，各种各样的技术都在研发中。

酒店运营商未来展望：

- 72%——5年内通过全生物识别技术对客户进行识别
- 72%——到2025年，基于人工智能系统根据客户的偏好提供有针对性的餐饮推荐将成为主流
- 68%——到2025年，虚拟现实将广泛应用于员工培训

- 64%——到2025年，虚拟现实将广泛应用于顾客娱乐

- 63%——可穿戴监控设备将在未来五年内投入使用

- 41%——如果客人不需要说出自己的名字就能识别，那么他们就有可能更频繁地去酒店

也有一些潜在的不利因素，或者至少是让酒店和餐厅经营者踌躇不前的问题。

潜在的不利因素：

- 68%——餐厅顾客表示基于数字足迹的建议具有侵犯性

- 50%——顾客表示机器人服务无法提高他们消费体验

- 42%——餐厅顾客表示基于健康信息的建议具有侵犯性

然而，许多消费者似乎对技术的援助喜闻乐见。多数（59%）酒店客人表示，通过声控设备控制房间可以改善他们的体验，66%的客人表示酒店的虚拟现实之旅可以改善他们的体验。每个行业都会感受到物联网的影响。更重要的是，在一个地方体验过物联网驱动优点的消费者，在另一个地方也会对它有所期待。任何没有跟上市场的营销商，最后想要追赶时会发现已经难以追上。其他行业也在寻求虚拟现实技术的帮助，包括房地产行业。

房地产行业与虚拟现实

企业开始将虚拟现实视为其业务的一个组成部分。主要用途之一就是房地产，已有一家全球房地产公司涉足虚拟现实领域。德国房产中介商Engel & Völkers北美总部位于纽约公园大道，经营高端豪华楼盘。该公司在全球750个分支机构拥有9000名房地产顾问。Engel & Völkers首席执行官安东尼·希特在市场营销与广告公司MediaPost物联网营销会议上详细讲述了房地产业使用虚拟现实的原因及方法。

虚拟现实最终可能没有增强现实那么受欢迎，但它正在迅速发展。希特表示，每年将有1.71亿人使用虚拟现实硬件和软件，这对公司来说是一个诱人的机会。希特声称，"大约一年前（2015年）发生的事情改变了虚拟现实发展的局面，《纽约时报》向市场投放了100万份谷歌虚拟现实头盔体验器。许多虚拟现实从业人员认为这是一个转折点。从那时候起，突然之间市场上有了足够多的消费者，使虚拟现实市场迎来转机成为现实。"这家房地产公司为了全新的体验打造了虚拟现实平台，选择了日本著名办公设备及光学机器制造商理光旗下的一款相机，随后北美地区的各家门店都配备了这款相机以及谷歌虚拟现实头盔。每个分支机构的花费不到1000美元。希特表示，"不到1000美元，我们就可以进入虚拟世界。"

购房者可以进入任何一间办公室，戴上头盔，查看房地产名录并且通过虚拟现实技术游览这些房产。同时，房产代理商能够在另一个屏幕上，看到顾客正在观看的内容，从而为其提供协助，提高顾客的游览体验。该公司决定在虚拟现实推广前90天内为其配置90%的房地产名录。这个过程包括重新拍摄每个房地产名录。希特表示，"我们已经是世界上第一个拥有这种虚拟体验的房地产品牌，我们在世界其他地区的办公室也在做同样的事情。虚拟现实已经到来。"人们发现了虚拟现实的许多创造性用途，甚至在零售业领域的研究中也是如此。

零售业研究领域中的虚拟现实

虚拟现实正在加入购物者营销领域。为了评估知名品牌店内各种营销方式的影响效果，美国好时巧克力公司（Hershey's Chocolate）委托行为科学和营销公司System1 Group（前身为布伦吉思营销咨询机构）旗下的System1 Research创建了一个虚拟超市，目的是更好地了解店内标识及售货亭如何影响消费者对好时产品的行为。为了了解更多细节，我采访了System1 Research常务董事及行为经济学专家加布里·埃尔阿莱克索。System1创建了一个虚拟沃尔玛商店，招募了500名消费者使用HTV Vive虚拟现实头盔在虚拟商店购物。虚拟商店里有许多独立过道，而消费者在虚拟商店中一周单独进行一次虚拟购物。

埃尔阿莱克索表示，"我们希望验证虚拟现实能作为一种可复制店内体验的工具。" 戴着虚拟现实头盔，购物者在过道里闲逛，System1追踪所选商品，并将其放入虚拟购物车。作为对照组，在没有销售规划的展区，14%的购物者首先选择好时的产品。在第二个展示中，添加了有好时品牌名称和商标的展板。明确的好时名称和商标实际上对购买好时产品产生了负面影响，只有10%的购物者选择了购买。品牌名称和商标对时间也有负面影响，选择好时产品的平均时间为38秒。无论是对照组还是有静止图像广告位的展示中，选择好时产品的时间都只有27秒。

在第三个展示中，有加强品牌情感的静态图片。埃尔阿莱克索表示，"消费者想要流畅的购物体验，不希望停下来。大多数的购物决定都是由直觉驱动的，人们不希望对产品考虑过多。"在第三个有静态图片的展示中，19%的购物者首先选择了好时产品。

在虚拟现实购物试验中学到的知识：

- 虚拟现实是获得营销问题答案的可靠手段。

- 虚拟现实研究与调研学习兼容。

- 虚拟现实体验需要让所有项目都可访问，否则会影响结果。

埃尔阿莱克索认为，研究人员还学到了3件事：

● 虚拟现实首次购买尝试是预测价格销售的指标，也是物品价格敏感度指标

● 虚拟现实能够揭示新旧包装路线的不同，预测可能的销售影响

● 虚拟现实能够反映由于购买沟通造成的销售增长

埃尔阿莱克索说，"我们想验证虚拟现实作为一种工具的用途，我们相信这是购物者营销的下一步。"虚拟现实正在向零售领域扩张。除了研究，虚拟现实也在尝试用于销售领域。

商品销售中的虚拟现实

虚拟现实已用于许多应用程序，现在商业正在进入这一领域。诺基亚的营销活动"一起更健康"旨在推出其新的数字健康产品系列。这些设备包括诺基亚智能手表、联网秤、血压监测仪和其他消费者健康设备，它们将被运往世界各地的商店。作为宣传活动的一部分，诺基亚科技公司及其代理商创意营销机构Brandwidth利用诺基亚的数字健康产品，创造了一个虚拟现实场景，让观众沉浸在一个真实的家庭环境中，与一个"真实"的家庭在一起。

其妙处在于，消费者不仅可以在虚拟现实视频中看到家庭

正在使用的产品，还可以通过虚拟现实体验直接进行互动和购买。虚拟现实体验描绘了一个家庭共同进行健康管理的过程。例如，视频中显示妈妈在梳头，通过数字叠加描述了她如何使用智能梳子，可以判断一个人的头发有多健康；还有能够知道站在上面的人是谁的体重计以及99美元的智能温度计。通过点击视频右上角的图标，就可以将这些商品添加到购物车中。这段360度虚拟现实视频的拍摄与制作的加分之举在于使用了售价4万美元的诺基亚Ozo+虚拟现实摄像头和Creator软件。

幕后场景展示了上述场景是如何创建和制作的。目前还不清楚有多少消费者会通过弹出窗口进入诺基亚健康网站，在虚拟现实体验中进行购买。然而，这段视频确实通过数字叠加显示了一个联网的家庭，以高质量的视频展示了有多少数据可以被实时捕捉和使用。各大品牌也参与了虚拟现实的广告宣传活动。例如捷豹和易捷航空都在使用360度虚拟现实技术，他们利用虚拟现实平台OmniVirt，将360度全方位视频上传到自助平台上，创造了虚拟现实体验。自助平台随后通过出版商网络发布。在捷豹360度广告中，通过触摸屏或鼠标控制，可以看到整个车内的细节。除了在虚拟现实中增加商业功能外，这项技术还被用于推广传统电影。

电影宣传中的虚拟现实

虽然脸书可能已经缩减了其虚拟现实活动，但这并不意味着普通大众没有充分了解这项技术在娱乐领域发挥的作用。随着脸书转而支持更多的外部制作，这个社交媒体巨头可能已经关闭了虚拟现实影视工作室Oculus Story Studio。美国最大连锁影院之一Regal Entertainment Group为消费者提供了一个可以轻松体验虚拟现实的大型基地。该集团与美国超威半导体公司（AMD）、北美著名整机厂商Alienware和二十世纪福克斯电影公司（20th Century Fox）合作，在15个城市提供虚拟现实体验，邀请消费者沉浸在一个不同的世界中。虚拟现实演示电影是在外星人电影《异形：契约》上映前后进行的。

我顺便去了趟波士顿影院Regal Fenway Stadium 13，观看了一场巡回演出。影院大厅设有几个Oculus Rift演示亭，观众在那里排队观看《异形：契约》的虚拟现实演示。这是一场从外星人的可怕视角出发的360度虚拟现实之旅。演示是免费的，至少可以让新手体验到高质量的虚拟现实场景。对于一个外星人迷来说，它还能让你在正式观看电影之前，肾上腺素飙升。虚拟现实演示亭在大厅的显著位置，很容易吸引人群，影院皇冠会员可以进入优先快速通道。

营销与公关公司48 Communications的克林特·瑞茜告诉

我，人们对虚拟现实体验的兴趣很高。这段虚拟现实视频配有完整的音频，由著名异形系列电影导演雷德利·斯科特制作和执导。具备虚拟现实电影之旅的城市包括诺克斯维尔、纽约、旧金山、芝加哥、费城、波特兰、明尼阿波利斯、华盛顿和西雅图等。这部虚拟现实演示电影的高质量让消费者看到了虚拟现实的发展方向，这也可能预示着影院体验的走向。随着虚拟现实技术的逐步发展，这项技术向消费者展示了更有趣的一面和更广泛的用途，企业也正在利用这项技术帮助培训员工。

员工培训中的虚拟现实

尽管说服消费者使用虚拟现实头盔购物可能算不上主流，但一家零售商正从培训购物者使用虚拟现实扩大到培训员工。使用虚拟现实技术进行员工培训正是劳氏创新实验室（Lowe's Innovation Labs）虚拟现实家庭设计与视觉化工具Holoroom"如何制作"项目的延伸。劳氏最初在数家门店开设了基于虚拟现实的店内行销培训班。该项目旨在教会员工基本的"自己动手制作"能力，比如项目所需的用品和完成一个项目的步骤。劳氏发现，通过虚拟现实培训后，员工完成一个项目所需步骤的记忆率提高了约40%。劳氏通过一个新的迭代扩展了该程序，向员工展示如何使用特定的店内设备。据劳氏称，超过400名员工测试了这个虚拟现实平台，其中90%多的员工表示，虚拟现实培训将帮助他们更好地为客户服务。

这并不是零售业员工的第一次虚拟现实体验。在2017年，沃尔玛在180多个员工培训中心就曾使用虚拟现实技术进行员工培训。沃尔玛还利用虚拟现实培训为黑色星期五、运营流程、客服学习等活动做准备。如前所述，虚拟现实也用于购物者营销。好时巧克力使用了虚拟的沃尔玛商店过道，以便更好地理解店内标识和售货亭如何影响好时产品的消费者行为。

不过虚拟现实并没有成为消费类电子产品市场的主导。全球网络索引（Global Web Index）的一项研究发现，在北美只有不到1/10的互联网用户拥有虚拟现实头盔。在沃尔玛超市的一次购物中，我看到一堆又一堆基于手机开发的虚拟现实头盔降价至1美元一个，却依然很难被买走。虽然大多数消费者待在家里可能还不熟悉虚拟现实的各种奇妙之处，但有些人应该已经开始在工作中了解它们了。而行业内普遍认为有一个趋势即将到来，即人们的兴趣将从虚拟现实转向增强现实。

增强现实主宰未来

资金一直在流向虚拟现实和增强现实，现在后者更吸引投资者的眼球。美国硅谷增强现实与虚拟现实行业咨询公司Digi-Capital的跟踪数据显示，在一年时间内，增强现实和虚拟现实共吸引了18亿美元的投资。然而，最新数据标志着虚拟

现实驱动的投资向新的移动增强现实市场过渡的开始。Digi-
Capital认为，风险投资和企业投资类型目前正在寻找移动增强
现实的机会。

短期来看，2019年，苹果暂时在增强现实领域处于领先地
位。但到2020年，情况将发生变化，根据预测，谷歌将在增强
现实领域处于领先地位，超过苹果的增强现实收入。

报告的要点：

● 智能眼镜仍然是增强现实和虚拟现实的长远发展方
向，但要想进入大众消费市场，可能需要10年时间

● 随着移动增强现实作为竞争平台的出现，虚拟现实
的市场潜力已被削弱

虚拟现实正在发展，但无法与未来增强现实的发展规模相
比。据Digi-Capital预测，未来5年内，虚拟现实的安装用户可能
会达到6000万，包括移动设备、独立设备、游戏机和个人电脑
上的用户，营收将在100亿美元到150亿美元之间，这是一个不
小的变化。然而，据预测，包括移动增强现实和智能眼镜在内
的增强现实技术可能达到超过30亿用户的安装基础。尽管包括
苹果ARKit、谷歌ARCore、脸书Camera Effects和Snap Lens Studio
在内的约9亿部移动增强现实设备进入市场，但增强现实和虚拟
现实的营收2020年才会开始扩大。

Digi-Capital和其他公司预计，苹果将在2022年推出智能手机绑定智能眼镜，这可能会推动智能眼镜市场从2018年的几十万用户到2022年的数千万的大众消费者。与此同时，三星Gear VR、谷歌Daydream View和Oculus Go等独立移动虚拟现实设备，由于开发商和手机制造商将注意力更多地转向增强现实，其潜力将有所下降。增强现实技术的最大推动力可能是在线销售。

增强现实和虚拟现实市场的演变是全球性的。例如，阿里巴巴与上海星巴克合作推出了一款增强现实烘焙机。虽然增强现实游戏今年的收入遥遥领先，但非游戏收入预计将在四年内占增强现实应用商店收入的一半以上。预计增强现实电子商务最大的销售额将来自服装、消费类电子产品、汽车、健康/个人护理、玩具、办公设备和多媒体类产品。如今，许多消费者通过亚马逊Echo和谷歌Home等设备使用语音进行交互。未来，他们可能会戴上某种版本的智能眼镜，从不同的角度看世界。这一重大转变是增强现实前景的重大升级，以及虚拟现实的急剧降级。这就是新现实。

增强现实的另一个重要方面是它终于开始变得更加真实。不久前，数以百万计的各个年龄段的消费者通过"精灵宝可梦Go"关注到了增强现实。这只是一个开始，至少让人们了解了什么是增强现实，甚至是那些都不知该如何称呼增强现实的人。

然而，现在增强现实技术正越来越多地进入消费者的日常生活。例如，劳氏为安卓用户推出了一款名为"在你的空间内观看"的应用程序，若使用有ARCore功能的手机，消费者可以在购买之前看到产品在自己家里是什么样子。消费者点击"在你的空间内观看"选项后，会被提示扫描周围的环境，等待几秒钟，物品就会出现在增强现实中。如果消费者决定使用该产品，可以点击加入购物车选项将产品拖到所需的位置。一个巧妙的特性是，产品在保持大小和位置不变的同时，消费者可以在产品周围走动，从不同的角度观察它。总部位于瑞典的宜家和其他零售商也允许客户通过移动增强现实技术观看产品。越来越多的各类公司正在利用增强现实技术。还有以下这些实例：

国际房地产公司Sotheby's International Realty正将增强现实应用于其国际项目中。该公司豪华地产经纪应用软件Curate能够让一个空房子展示出各种购买者可能选择的、适合房间的家具和装饰。移动音乐识别服务公司Shazam与格兰威特威士忌合作，为新款苏格兰麦芽威士忌添加二维码。扫描二维码会带来一种增强现实体验，其中包括格兰威特的蒸馏大师对其进行处理的全息图。为了加大增强现实的力度，Snap为旗下的Lens Studio开发了一些工具，使增强现实设计变得更简单，这将带来更多的增强现实效果。在线交易平台易贝使用谷歌的ARCore在其应用程序上推出了增强现实技术。这项功能可以让人们选择合适的美国邮政服务统一费率箱邮寄物品。

还有很多其他例子，未来还会有更多。增强现实时代终于到来。

增强现实会消灭屏幕吗？

正如前一章所述，随着像亚马逊Alexa和谷歌Home这样的数字助手进入寻常百姓家，声音变成常见的交互手段。一个显著的问题是，随着未来增强现实的立足点——声音越来越占主导地位，屏幕将扮演什么样的角色。我与总部位于迈阿密的全球创意机构The Community的创新高级总监克里斯·内夫进行了广泛的交谈，讨论了未来物联网技术进入市场后屏幕发展的趋势。

内夫表示："我目前是在屏幕最终会消失的阵营里。我认为这不可避免。我知道我不是第一个这样说的人。但是，从我掌握的证据到你所体验到的增强现实未来的方向，再加上英特尔在处理器方面所做的一些工作，我认为屏幕将会消失。"移动世界商贸会上展示了价值1300美元的智能增强现实眼镜Vuzix Blade，这款眼镜内置了一个微型投影仪，可以在镜片的顶角显示图像。

内夫指出："如果我能从眼镜中得到我所需要的一切，那我最终就只需要一副智能眼镜……想想增强现实眼镜的发展，他们在持续变小。现在，增强现实技术可以连接到手表。日后，如果我能通过镜头或眼镜把信息传递到别人的眼睛里，在路上，我就不需要电话了。"

我同意内夫的观点，虽然向没有屏幕的家庭过渡有点遥远，尤其是现在许多家庭或朋友都喜欢围坐在一起看电视。内夫指出："目前存在着展示屏幕，如电视屏幕，这是一种共享的观看体验，也是屏幕能够存在最久的领域。如果我一个人在看电视，完全可以用智能镜头或者别的什么来看，还可以把电视挂在墙上看。但当它是一种共享的观看体验时，就有点棘手，这是一种共享计算和共享的无线体验。共享增强现实观影可能会发生，但需要更长的时间。"

内夫又说道："10年后，我们看到的屏幕可能会比现在少40%到50%。如果技术允许，为什么不呢？我不需要屏幕，我只需要戴上高科技设备。"亚马逊智能语音助手Alexa和谷歌助手可能不会受此影响，他们好像对无屏幕时代的来临并不报期待。

电视行业最终可能会受到虚拟现实的影响。为了进入游戏领域，美国有线电视新闻网（CNN）推出了Oculus Rift虚拟现实。美国有线电视新闻网虚拟现实已经在安卓和苹果手机操作系统上为三星的Gear VR头盔和谷歌Daydream服务。佩戴Oculus Rift头盔，将虚拟现实体验带到了高分辨率的桌面上。Oculus的应用程序为美国有线电视新闻网突发新闻和360度原创报道提供了互动体验。观众可以选择诸如新闻的最新视频或全球该新闻网记者的仿真全方位视频。美国有线电视新闻网虚拟现实应用程序包括开放图谱滚动以及与该网站推特账户的社交融合，因此通过系统也能传递警示信息。美国有线电视新闻网与视觉发展公司Magnopus建立了伙伴关系，共同开展实施虚拟现实。

　　增强现实技术在屏幕上也有所应用，尤其是在美容产品领域。欧莱雅（L'Oréal）收购了专注美容行业增强现实和人工智能的加拿大公司ModiFace。ModiFace成立于十多年前，开发了追踪面部特征和颜色的先进虚拟化妆技术。该公司的技术为包括联合利华（Unilever）和美国健康医疗公司Allergan在内的300多个美容品牌定制增强现实应用提供支持。它还出现在丝芙兰、科蒂和欧莱雅等公司的智能镜子中。

　　智能镜子技术可以根据顾客想要在脸上用的颜色或产品的类型，满足其需求。根据欧莱雅的收购公告，ModiFace成为欧莱雅数字服务研发的核心。欧莱雅首席数字官卢博米拉·罗切特表示："凭借ModiFace世界级的团队、技术和在美容技术创新方面的持续记录，它将围绕创新服务重塑美容体验，帮助我们的客户发现、尝试和选择产品与品牌。"ModiFace仍在多伦多，作为欧莱雅数字服务工厂的一部分，同时也是欧莱雅品牌设计和开发的新的数字服务网点。

新商业现实

尽管大多数消费者和企业还没有意识到，然而事实上，虚拟现实和增强现实的应用已远远超出游戏领域。毫无疑问，游戏业如何运用虚拟现实技术来说仍然是一笔大买卖，即使许多消费者甚至还没有尝试过，但是有大量的商业机会从内部和外部来使用这项技术。当企业将其用于特定目的时，虚拟现实和增强现实的应用产品可能会非常强大。

对一般的商业场景来说，虚拟现实可以最有效地在受控环境中使用，而增强现实则可以通过现场智能手机进行完美部署。增强现实有更大的商业潜力，因为它只需要一部智能手机，而这是大多数人都具备的；它也更实用，因为它能让现实世界的一切都呈现在眼前，而不是虚拟现实呈现的单人冒险。到2020年，将有约800万个增强现实头盔进入全球市场；谷歌智能眼镜也更为时尚，消费者面对它时不会感到恐惧与陌生。

与物联网的许多技术一样，企业必须了解如何应用该技术，以及该技术能为其特定业务带来什么。例如，像沃尔玛这样的大型零售商可以使用虚拟现实技术培训员工，让他们更好地与客户互动。像温德姆酒店集团这样的连锁酒店可以创建一种虚拟现实体验，测试游客在特定情况下的反应。旅行社可以在他们的办公室里使用虚拟现实技术，这样潜在的旅行者就可以体验目的地或邮轮旅行。像全球高端房地产公司Engel & Völkers所做的那样，房地产公司也可以在办公室里使用虚拟现实头盔，在不离开办公室的情况下向潜在买家展示房产。

虚拟现实和增强现实既可以在内部使用，以节省资金和提高生产率；也可以在外部使用，以增加收入或改善用户体验。因为这两种技术都鲜为人知，所以仍然有机会利用这一技术为某种服务产品制造轰动效应，就像美国连锁影院Regal Entertainment Group在影院大堂宣传电影时所做的那样。增强现实可以很容易地应用到产品中，因此购买者可以将手机摄像头对准一瓶伏特加甚至是番茄酱的二维码，观看增强现实形式下的品牌事件。随着越来越多的品牌在其产品上尝试这些功能，消费者的认知度将会提高。最后还有一些值得思考的要点：

● 以成本为核心——看看增强现实在哪些方面可以为企业省钱，回报很快。

● 挖掘研究——虚拟现实可以用于重新创建和替代实地研究，如购物者测试。确定正在进行的研究可以被虚拟现实改善或替代。

● 内部员工培训——虚拟现实可以用于员工培训，尤其是任何重复性的培训。

● 加入产品——将增强现实添加到产品中，扩展消费者品牌体验。

● 全局思考——虚拟现实很容易扩展，因此可以集中创建和全局部署。这可以确保公司范围内信息一致。

● 考虑设备使用——虽然大多数消费者并没有虚拟现实头盔，但360度虚拟现实图像可以有效地显示在传统的个人电脑屏幕上，让观众可以在一个场景中徜徉。

● 创新——虚拟现实和增强现实的商业用途相对较新，它们的用途受想象力的限制，可以向员工和客户征求意见。

DIGITAL
TRANSFORMATION
3.0

06
不只是自动驾驶：
互联汽车的 N 种想象

网络互联车辆将改变娱乐、户外广告、客户信息推送、家庭通信、交通运输、安全、隐私、物流系统等诸多方面。但是，个人自动驾驶车辆在大众市场上获得成功之前，各种车辆（包括汽车）的互联性和人车交互技术会得到进一步改善。互联技术在车辆上的运用已经有一段时间了。其中，安吉星系统便是一种早期车辆互联设备。驾驶员只需按动车内的按钮，就可以直接申请道路救援服务，系统将会根据车辆的位置信息来派遣服务人员，该系统甚至还可以提供餐馆预订服务。若要远程解锁车门，也只需给安吉星系统打个电话就可以完成。类似的互联技术在当今已经非常普及，很多车辆上都配备有这样的互联设备。

　　正如移动电话成为互联网扩展设备，汽车也正在经历着相同的变化。在短期内，车载网络的连接需要通过智能手机才可以实现，但是汽车本身正在不断改进，逐渐成为和外界连接的移动终端，随着移动5G技术即将到来，数据传输速度将显著提升，车辆能够处理更多进出的数据，其中包括了流媒体电影和其他娱乐项目的数据。根据美国移动通信市场的一项调查显示，现在接入网络的汽车数量要大于接入网络的手机数量。另根据移动市场咨询公司Chetan Sharma Consulting一项研究，美国电信公司AT&T已经连续11个季度占据互联车辆市场榜首了。在美国，除手机以外的互联设备数量已经超1亿台，智能手机的普及率达到了93%。互联车辆成为了全年入网用户最多的领域。无线网络市场总体上涨了18个百分点，但是移动网络数据的价格却下降了60个百分点，其中美国电信公司AT&T和美国威瑞森通讯公司（Verizon）各占一半市场收益。美国人的移动流量消费仍在不断上涨，人均月移动流量现已超6GB。

汽车也逐渐与道路上的设备相连接。譬如，美国哥伦比亚特区内的600多个十字路口已安装了具有"红灯倒计时"功能的设备。奥迪汽车公司首创"交通信号灯信息"功能，允许汽车在特定城市和特定城区与交通基础设施进行互联。前段时间，该功能已在拉斯维加斯进行了试验。当特定车型的车辆靠近有允许互联的交通信号灯时，汽车会接收到实时的信号灯信息。红灯亮时，汽车仪表板上会显示红色信号灯变成绿色的剩余时间。奥迪集团美国公司董事长斯科特·基奥称："像'交通信号灯信息'系统类似的'车与交通基础设施互联（V–to–I）'

技术不仅能够减少驾驶员的行驶压力，还推动了交通基础设施的发展，有助于我们向自动化的未来持续迈进。"奥迪和交通技术服务有限公司TTS已将这项技术带至诸如达拉斯、休斯敦、帕罗奥图、波特兰、丹佛等城市的市场。

奥迪又推出了一款适用于多种车型的车载道路缴费系统，车主再也不必在汽车挡风玻璃上安装专门的道路付费设备了。车载付费模块（ITM）是安置在汽车后视镜上，用于缴纳道路费用的无线电发射装置。奥迪公司称，该技术可以绑定驾驶员的现有账户或新账户，并且兼容全美现有的道路收费机构。此外，该公司称，在未来，该系统的后续更新版本可以支持汽车启动熄火、绿灯最佳速度建议、最佳导航路线和其他各种提示服务。但奥迪并不是唯一一家致力于交通信号灯服务领域的公司，美国通用汽车公司也已经在美国密歇根州进行了试验，检测车辆在配有特殊装置的交通信号灯附近接收交通信号灯的实时信息的能力。

苹果、谷歌等公司已经纷纷涉足互联车辆领域，通过监控互联车辆的位置和行进情况，为司机提供更到位、更及时的信息服务。本章将着重讲述未来的车辆和车辆驾驶将要发生的变革。

互联汽车的无线网络

"互联车辆"这个概念已经开始越来越接近现实。在拉斯维加斯国际消费类电子产品展览会上，美国通用汽车公司管理人员使用三辆汽车（两辆停放在展台上，一辆停在展厅后面，那辆展厅后面的车与展台前的进行互联），向人们展示了如何使用通用开发的车辆互联技术。这一新闻大事件发生之后，美国通用汽车公司宣布和美国电信公司AT&T进行合作，为未来所有雪佛兰品牌车型配备像所展演的汽车一样的互联技术。那时美国通用汽车公司和美国电信公司AT&T就提出了一种理念，把汽车看成是一种潜在的互联网移动连接设备，从2014年起，美国通用汽车公司称已售出300多辆搭载安吉星4G移动通信技术的汽车，登上了该类型互联汽车销售的榜首。一年后，雪佛兰车型的车主的网络数据使用量已经超过了400万GB，比前一年增加了两倍，换言之，这相当于所有雪佛兰车主和乘客共观看1700多万小时视频的流量总和。

如今，这个领域越来越有商业价值。如雪佛兰车主能够以20美元的月费获得无限的车载流量。这意味着任何驾驶或乘坐雪佛兰互联汽车的人，都可以连接上这个高速的移动无线热点。这种互联模式顺势可以让汽车配置更多的屏幕，并且相互联通上网。这样一来，人们就可以坐在后排座位上观看电影、在前面座位上听音乐，或者整车的孩子可以在车内上网冲浪。但是，就像很多移动数据套餐服务一样，套餐提供商也会对"无限"一词附加一句小小的说明：虽然严格来讲，可用数据总量是无限的，但是安吉星的顾问却会提示你，当你用完4GB的流量之后，你的网络就会被限速。（据思科预计，车载流量的月平均使用量大约在4GB左右。）其他汽车制造商则可能会效仿美国通用汽车公司的做法，此举将会把移动无线网络连接技术带入新的阶段，智能手机的数据套餐再也没用了。这一举措改变了互联汽车行业的发展格局，为后续互联汽车配置更多的娱乐项目铺平了道路。

互联汽车的娱乐项目

车内娱乐和互联汽车一同进入了我们的视野。一项市场调查显示，汽车中控台上的显示器、供后座乘客观看的显示器在数量和质量上会得到提高，车辆互联技术和车载无线网络服务会得到极大的改善，这将推动车辆互联市场的发展。英国互联网数据咨询公司Futuresource的一份报告显示，到2021年，全球车载娱乐硬件市场总额将会达到360亿美元。此项调查表明，苹果公司的车载系统Apple CarPlay和谷歌公司的车载系统Android Auto的发展和运用，会进一步推动该市场总额的增长。但是，和物联网其他方面的巨大发展相比，这就算不上是爆炸式增长了。Futuresource称，截至2020年，全球互联汽车的市场总额将超过2亿美元，这表明自动驾驶在2020年仍然不会产生巨大的影响。Futuresource预计无人驾驶汽车最早会在2020年进入消费市场，最晚也不会晚于2035年，而且无人驾驶汽车的产量将约占汽车总产量的10%。当然，互联汽车的连接功能各不相同，随之而来就产生了一个问题：究竟有多少功能会是人们真正用得上的。

美国车载屏幕广告服务公司Drawbridge的一项研究表明，车内的很多屏幕相对来说容易被闲置，虽然"车内上网浏览"从概念上来看可能很酷炫，但是人们却很少用到这项功能。当浏览器打开时，它会向Drawbridge公司系统发送广告请求，然后公司系统就会向浏览器推送与用户有关的广告。因此，Drawbridge公司系统可以识别浏览器的使用数据。该公司发现：在一个多月的时间里，共有3.9万位特斯拉车主使用过车载网页浏览器，但路上行驶的特斯拉S型和X型车总数却有15万辆，使用人数远未过半；而在7天的时间里就只有6000位车主使用车载网页浏览器，不过7天内特斯拉汽车上的屏幕广告请求总次数达到150万次，意味着每个活跃的浏览器每日发送36次广告请求。换言之，虽然使用浏览器的人数少，但使用频率很高。从网页访问内容来看，大部分人在浏览新闻。

车载浏览器访问内容统计：

● 56%——新闻（40%国内新闻、25%当地新闻、22%国际新闻）

- 23%——体育运动相关内容

- 18%——饮食

- 17%——购物

- 14%——旅行

- 10%——房地产

车载娱乐功能正在逐步实现，希望消费者的需求和行动能够紧随其后。但是现在存在一个问题，就是消费者是否会愿意购买这些新功能。

互联功能的购买

互联汽车的发展是一回事，但消费者的喜好和购买的意愿却是另一回事。一项研究显示，自2014年以来，消费者对高端自动化汽车愈来愈感兴趣，并且美国消费者一致认为，与安全保障相关的技术十分有用。但问题是人们购买这些技术的意愿却日趋下滑，只有一半不到的美国消费者表示，他们相信传统汽车制造商能将全自动驾驶车辆投放到市场上。全自动驾驶车辆通常指完全由车载技术系统控制的车辆。该项研究由美国德勤公司（Deloitte）主导，对17个国家的22000位汽车消费者进行了调查。

有趣的是，即使大部分美国消费者目前并不使用优步、来福车等约车服务出行，但他们并不觉得拥有一辆车很有必要。年轻人使用约车服务的可能性要比老年人考虑未来买车的可能性高出4倍。对汽车制造商而言，好消息是大部分美国消费者对车载自适应安全功能的需求十分强烈，较2014年多出11个百分点。

汽车互联功能需求：

- 73%——基本的自动化功能
- 67%——自适应安全功能
- 43%——部分自动驾驶功能
- 39%——完全自动驾驶功能

然而，购买上述功能也是个问题。该项研究发现，美国消费者购买各种高端功能的意愿自2014年降低了30%。在2014年，用户在高端功能上愿意支付的平均数额是1370美元，但现在已经降至925美元。所以，最后一个显而易见的问题是，谁愿意去购买这些新的车载互联技术？所有即将由消费者参与的新型车载数字活动会为解决这个问题提供更多的新数据。

对互联汽车的投资

自动驾驶汽车与数据、内容息息相关，而两者都至关重要。大多数消费者或许并不会排长队去购买一辆自动驾驶汽车，但这并不表示没有很多资金投入到自动驾驶汽车的研发

中。英特尔公司首席执行官布赖恩·科兹安尼克之前公布了他
们在洛杉矶汽车展览会AutoMobility上的支出。他表示，自动驾
驶汽车的一大经济增长来自英特尔，本次展览英特尔的支出高
达2.5亿美元。然而，投资的重点并非在汽车本身，而是互联
车辆产生的数据上。科兹安尼克称，"作为一个技术专家，我
所看到的其中一个趋势是，智能互联设备的激增会产生海量数
据，对于几乎所有产业而言，这是最具破坏性的问题。"他预
计，每辆自动驾驶汽车一天产生的数据量几乎等同于3000个人
一天的数据使用量。

换言之，算上摄像机、全球定位系统、声呐和雷达，每辆
车每日会产生4000GB（4TB）的数据。经销商的关注重点是个
人数据。英特尔公司指出，数据追踪系统能做到追踪车内的乘
员人数，记录每位乘员的音乐喜好，甚至他们喜爱光顾的商店
和喜欢购买的品牌数据。当他们走近这些商店和品牌店时，产
品销售广告就会推送给车内乘员。"车载可穿戴设备和其他传
感器也可以追踪乘客行为、注意力、情感和生物特征状态，从
而提高车内乘员的安全性"，科兹安尼克称，"谁拥有的个人
数据多，谁就能够开发和推送最好的用户体验。"科兹安尼克
谈道：在数据方面，现在有三个挑战，数据组的规模、数据处
理所需的周期以及数据安全。英特尔公司将数据看作自动化世
界中的新型货币。现在，这家芯片巨头投资了2.5亿美元的真实

货币推动自动化世界向前发展。虽然私人拥有无人驾驶汽车仍遥不可及，但是这个想法已经实现。

无人驾驶载运汽车

无人驾驶汽车的技术正在不断向前迈进，但汽车将由谁或什么来驾驶这个问题仍然悬而未决。美国谷歌旗下公司Waymo宣布，他们已经购买了几千台小型客车用于约车服务，而这只是许多无人驾驶汽车载人例子中的其中一个。苹果公司在加利福尼亚州的试点项目中，无人驾驶测试车辆数增加至27辆。不过，在其他一些项目中，人们设计的无人驾驶汽车只用于载货，而不是载人。譬如由一群曾在谷歌公司工作过的工程师创办的美国硅谷机器人公司Nuro正致力于研发运载食品或洗熨衣物的车辆。这种车辆主要用于当地货运。

在国际消费类电子产品展览会上，日本丰田公司向人们展示了一款概念车辆。这种车辆不仅可以载人，还能完全转变为无人驾驶的食品运载车辆。现在必胜客已经和丰田公司达成合作，由无人驾驶车辆承担比萨饼的运送任务；在日内瓦车展上，法国雷诺公司展示了另一款无人驾驶汽车：雷诺EZ-GO。这是一种全电动汽车，人们可以通过手机软件进行预约，这种概念车的座位采用了U型设计；在母亲节当天，美国最大的网上花卉销售平台使用了无人驾驶汽车派送鲜花，不过，这种特殊的无人驾驶车辆太小，还无法载人。

显而易见的是，优步和来福车等网约车公司是使用无人驾驶车辆代替人类司机的重要实体，为的是节省经营费用。至于公众将来是否能乘坐无人驾驶火车，还要拭目以待。规模化无人驾驶货物运输要比无人驾驶载人运输更有可能实现，毕竟我们不需要"说服"货物去搭乘一个它们无法控制的交通工具。

日本的无人驾驶网约车

无人驾驶网约车已经成为一个全球现象，而非局限在某个市场中。譬如，索尼公司正在启动一项基于人工智能的网约车服务，其中，客户的预约需求由人工智能管理。该服务将涵盖6个日本出租车公司的1万辆汽车，使用索尼支付系统进行支付。索尼公司还希望将人工智能运用于出租车派遣服务。"这项由新公司提供的出租车派遣服务将会在一个平台上进行运营，全国想要加盟的出租车运营商均可使用，"索尼公司在一项公告中表示，"我们打算为每一个出租车公司的经营者提供多种运营方案，旨在创造一个允许更多出租车公司经营者参与的平台。"除了上述探讨过的人工智能的用途之外，人工智能还可以使出租车的调度更为有效，譬如人工智能可以帮助预测一个多名消费者参与的活动在什么时间结束。

优步公司另一个潜在的竞争对手是日产公司（NISSAN）。

日产公司已经开始涉足无人驾驶出租车领域，正在测试一款自动驾驶汽车Robo-vehicle。日产公司表示，他们正在和日本的一家网络服务公司DeNA开展合作，并推出了一项名为"易驾行（Easy Ride）"的服务，计划于未来能实现商用。在日本横滨进行的测试显示，配备无人驾驶技术的车辆可以载着乘客沿着既定路线行驶。乘客可以通过手机软件在推荐的目的地列表中选择目的地，下载周边零售商和餐馆的打折券。该项目旨在为无人驾驶环境、扩展服务路线、车辆调遣逻辑运算、接送客流程、多语种支持服务等方面开发相应的服务设计。在无人驾驶的情况下，坐在后座的乘客可以借助后座屏幕进行人机互动。

另外，日本丰田宣布，他们创办了丰田研究院高级研发公司TRI-AD，已加强高级无人驾驶技术的研发力度。丰田公司将与日本爱信精机（Aisin）和日本电装公司（DENSO）联合为无人驾驶汽车开发一套全面整合、高质量的软件。这三家公司共计划投入28亿美元，增招1000名员工。丰田研究院高级研发公司的首席执行官兼高级研究员詹姆斯·库夫纳博士称，"开发高质量的软件是丰田无人驾驶项目获得成功的一大关键因素。我们公司致力于招募世界顶尖的软件工程师，提升丰田集团的研发能力，从而更高效、更具颠覆性地加快软件开发。我们将向全球招募人才。"该公司的目标包括：建立一条从软件研究到商业化的直通渠道、加强丰田集团内部的协调合作、招募世界顶级的工程师。

对乘坐无人驾驶车辆的恐惧

虽然很多消费者已经逐渐了解无人驾驶车辆的理念，但是大部分人还是害怕乘坐这种车辆。在美国汽车协会调查的1000个美国司机中，大部分（63%）司机害怕乘坐全自动驾驶的车辆，相较前一年（78%）有所下降。不同年龄和不同性别的消费者在这一方面的表现各有差异：千禧一代对全自动驾驶车辆的接受度最高，只有49%的人害怕乘坐无人驾驶车辆，较前一年下降24%；大多数（68%）婴儿潮时期出生的消费者害怕乘坐无人驾驶车辆，前一年的比例高达85%；女性（73%）比男性（52%）更害怕乘坐无人驾驶车辆。

美国汽车协会汽车工程师、行业劳资关系主任格雷格·布兰农称："美国人对无人驾驶车辆这个理念已经十分熟悉了。美国汽车协会发现，和2018年相比，2019年又多出了2000多万美国司机开始信任无人驾驶汽车，愿意乘坐无人驾驶汽车出行。"但是信任无人驾驶车辆的司机还不足1/3（28%），另外9%的司机则表示不太确定。在与无人驾驶汽车共享道路这个问题上，有37%的司机认为道路安全性并不会受到影响，13%的司机认为会更加安全，另有4%的司机表示不确定。虽然并非每个人都愿意乘坐无人驾驶车辆，但互联汽车的出现，能够让更多的东西以数字信号的形式传输到汽车上，这也是一个阶段性的突破。

无人问津的无人驾驶汽车

虽然谷歌、苹果、优步以及多数主流汽车制造公司都在全力开发无人驾驶汽车，但即使无视高昂的价格，大多数消费者还是不会去购买。互联汽车的消费者研究依然显示，消费者对无人驾驶汽车的兴趣度普遍相对较低。加拿大智能数据传递技术公司Solace发布的一份研究表明，即使价格不予考虑，大部分（57%）的互联汽车车主也不会考虑购买无人驾驶汽车。这项研究调查了1500名互联汽车车主，并与美国人口调查局的数据进行了对比分析。受访者都拥有一辆具备蓝牙连接、全球定位导航、远程开关车锁、无线网络、辅助摄像机/传感器或语音助手等互联功能的汽车。

然而，也有很多消费者看到了汽车互联功能的价值。在Solace公司的调研中，受访者反映其会依赖的互联汽车警示功能包括：用于盲点检测的安全传感器（49%）、导航提示（35%）、安全召回提示（27%）、移动设备来电提示（15%），其中，最有价值的、驾驶专用的互联功能是实时导航。当驾驶汽车时，多数消费者平均使用一到两个应用程序，譬如流媒体音乐或电话免提接听。

该项研究还反映出一个与数据许可有关的问题。近一半（48%）的车主没有意识到互联汽车可以储存可识别的个人信息，譬如家庭住址、社保号码、生日等。在排名前六的汽车品牌中，没有哪一家能完全成为这个行业的领军企业，无论谁都没有更具创新性的技术功能。有意思的是，62%的互联汽车司机相信他们的车可以让他们的行车更加安全，但仍有40%的车主并不相信互联汽车会帮助他们减慢车速。所以，改变消费者对无人驾驶汽车的态度，将是一个比较有意思的营销挑战。

在互联汽车上看电影

无人驾驶汽车的理念常常会招致一些人的反对，尤其是那些想把自己的手放在方向盘上，追求可控驾驶体验的人。然而，互联汽车的互联性或许首先要以服务乘客、为乘客提供娱乐活动为宗旨。美国米高梅电影公司（MGM）旗下的Epix电视网宣布，该公司的流媒体视频软件已植入2018年款本田厢式旅行车后排座椅的显示屏。Epix电视网称，这是全球发布的第一个流媒体视频服务，互联汽车的乘客可以借助其相应的视频软件收看电影、原创剧集以及其他原创节目。当然，必须先要订阅Epix电视网服务。Epix董事长兼首席执行官马克·格林伯格称，"随着车辆逐渐成为终极移动设备，我们十分乐意与本田一道为第二排和第三排乘客开发新的娱乐体验，开创流媒体视频和真正'随时随地看电视'的先河。"这是继旧式DVD后座电影之后又一大跨越式的发展。

汽车互联性已经不是一个新话题了，早在2014年拉斯维加斯的年度国际消费类电子产品展览会上，美国通用汽车公司和美国电信公司AT&T各自展示了他们对未来汽车的展望，以及未来汽车的商业前景。2017年，通用汽车公司宣布了雪佛兰车主可以以20美元的月费获得无限数据流量。英国互联网数据咨询公司Futuresource预计，到2020年，互联汽车产量也由2018年年底的300万升至2亿。Futuresource公司预计无人驾驶车辆将于2020年进入消费市场。同时，本田厢式旅行车后座的乘客也将能观看流媒体电影。随着愈来愈多的屏幕和娱乐项目安装在车辆上，车载广告也将一同到来。

互联汽车上的广告投放

人们对互联汽车和无人驾驶的关注重点是汽车如何联网，如何避免发生事故同时保证汽车各方面的可靠性和安全性等细节性内容。如果上述方面的问题都解决了，那营销的重点将会转向如何为无人驾驶汽车的"司机"提供更好的服务。在大多数纽约出租车上，已经出现了车载视频广告营销的雏形。安装在出租后座上的电视屏幕会向乘客播放广告、推销商品，乘客可以将广告调成静音或关闭广告。然而，有一些或许只能出现在未来的车载广告营销活动已经在优步和来福车的共享汽车上开始运行。这种车载广告营销模式已在美国洛杉矶市和明尼阿波利斯市的1.1万辆以上共享汽车上得到运用。这些电视屏幕——即网约车司机安装在前座后背上的平板电脑的独特之处在于，它们会显示乘客的预计目的地、年龄及其他公开的个人信息。这种共享汽车广告系统Vugo最早是由一个白天在广告公司上班、夜间做优步司机的人开发出来的。该系统可以为用户量身定做广告内容，并且可以作为司机与乘客进行实时交易和报价的平台。

Vugo移动传媒公司（总部位于明尼阿波利斯市）的联合创始人詹姆斯·贝勒福乐告诉我："我们把这个系统看作是一种移动传媒。"Vugo系统使用了一种称为Tripintent的技术来预测乘客的目的地，从而向乘客发送和目的地相关的信息。贝勒福乐称，该系统能给司机带来额外的收入。"这与货币化和信息发布有关。"譬如，借助Vugo的屏幕，乘客可以选择收看新的频道，但无论乘客看什么，系统都会依据每趟旅途的目的地有针对性地推送广告信息。"谁都厌恶广告，"贝勒福乐解释道，"但现在，我们使用了优质的内容来提升乘客的乘车体验。"贝勒福乐认为，终有一天，无人驾驶汽车会普及，人们再也无须时时刻刻地紧盯着前方路面了，他已经预见到那一天会很快到来。他指出，"当司机成为乘客的时候，我们所要做的就是提升乘客的体验。"他也预计，量身定做型广告的营销收入最终会为自动驾驶的发展提供资金支持，加速交通运输的免费化。在行驶的过程中，Vugo系统会为后座的乘客提供目的地相关信息、销售相关商品。同时，在旅途当中，Vugo系统也在不断地获取更多的乘客信息。当营销商接触车内乘客的机会越来越多，车内屏幕变得越来越多的时候尤为如此。

不过，有一种新型的屏幕将进入消费者的视野，广告商可能再也无法在这种屏幕上推送传统广告。经过多年的发展，车载屏幕已经整合了愈来愈多的娱乐项目和与汽车功能相关的特性。我曾经在拉斯维加斯的国际消费类电子产品展览会上看到，三星旗下哈曼公司（Harman）推出了汽车互联技术，并做了很多演示。哈曼公司向公众展示了一款互联汽车的仪表板具有的新功能。该公司使用一块形似镜子的屏幕替换了汽车挡风玻璃中间的后视镜，使用三个摄像头和一块显示屏替代了位于汽车两侧的反光镜。据介绍，在正常行驶条件下，这块显示器会显示汽车两侧和后部共150度的范围，并且还可以自动将三个摄像头的图像整合在一起，提供比传统后视镜更宽广的视野。当汽车处于变道模式、转向信号灯亮起时，屏幕会为转向一侧路段的视野增加50%，帮助司机变道。同样，当倒车时，屏幕会将后方路段视野增加50%。

向互联汽车司机推送广告

随着互联汽车日益增多，美国好事达保险公司（Allstate companies）发布了一款面向互联汽车司机的广告网络产品。该网络的新奇之处就在于它不使用车载物联网技术，而是通过人们的智能手机进行连接，促使人们的驾驶模式发生转变。美国好事达保险公司旗下的Answer Marketplace网络宣称是首例基于车载信息服务的广告网络，只要借助网络开发商提供的手机应用程序，保险推销员就可以和数以百万计的司机互联。该网站的理念是借助移动设备获取司机个人驾驶行为、驾驶地点和驾驶习惯等信息，为司机提供更多相关信息。譬如，用户只要登录该手机应用程序，完成一定数量的行程之后，相应的广告就会显示出来。

目前，该公司已为300多万台汽车和它们的使用家庭提供了保险服务。物联网在其中发挥了作用，因为这个线上广告网络联盟是由车载智能通讯和物联网公司Arity提供的技术支持，而该公司由好事达公司创立，同时，Answer Financial也隶属于好事达。Arity拥有300亿英里①的道路行驶数据和100万个活跃的网络车载通讯连接，并在这些数据和连接上使用了数据科学和

———————————

① 1英里约为1.61公里。

预测分析学的相关技术。有了Arity，开发商就可以访问这些数据，从而能够更好地了解并预测驾驶危险。虽然一开始，追踪司机位置还需要借助手机应用程序，但今后或许可以直接由互联车辆来完成。

"我们坚持设备兼容性，"Answer Financial高级副总裁兼首席营销官戴伦·霍华德对我说，"我们只是将自己视为一个门户。"Answer Financial已经在和30多家保险公司进行合作，并允许这些保险公司通过该网络进行销售。该网络可以获取司机的驾驶精准度、速度、地点、制动、当日驾驶时间等数据，并为司机的驾驶水平进行评分。此外，该网络可以依据司机的驾驶方式，为司机提供驾驶建议。

霍华德提到，广告商可以投标购买各种类型的广告服务和数据服务，譬如行驶里程数。一些手机应用程序已经接入了这一广告网络，其中包括生活360软件和Streetwise平台。前者是一款能提供家庭成员位置、驾驶情况、安全情况的领先软件，后者可以让司机根据自己的驾驶表现得分获取优惠。

一开始，招标主要面向的广告商是汽车保险公司，但是霍华德称，他们并不限定广告商的类别。至少就其理念而言，这就意味着，一位零售商或一家餐馆可以投标购买广告，向一周内多次或在特定时间途经他们店的司机、途中可能会在他们店停留的司机、归属于某一类的司机投放。其他一些营销商，如汽车商、汽车修理厂等也有可能会加入投标的队伍。互联汽车甚至都不需要增加任何连接设备，它的互联性就可以进一步加强。

互联汽车上的数字车牌

传统的汽车车牌将要被电子车牌替代。当汽车处于停泊状态时，如果汽车仍在运行，且切换到数字广告模式，汽车的牌照信息会显示在汽车的数字显示屏上。这预示着除了网络连接性之外，互联汽车还将在其他方面得到发展。在底特律的车展上，一家公司推出了一款数字车牌。美国汽车公司Reviver与美国机动车辆管理部门合作研发出了rPlate数字车牌和车牌信息平台。该智能车牌是一个物联网平台，具有机动车辆管理部门自动注册、超地方化信息传递[①]、车辆管理等功能。

我在底特律车展上与Reviver公司首席执行官兼创始人纳威·波斯顿讨论过这种新型车牌的发展潜力。这种车牌内置一个全球定位装置、一个加速度传感器、若干射频传感器、一个存储器。数字车牌是针对互联车队（譬如汽车租赁公司的车队）开发的，经过连接的数字车牌可以变成定制型迷你广告牌。rPlate数字车牌是一块标准车牌尺寸的抗反射屏。波斯顿称，依据汽车的位置，车牌上就会显示相应的广告。譬如，如

---

① Hyper-local messaging，指面向某个或几个特定地区，将该地区的信息进行分类、整合，提供信息传递服务。

果停泊车辆周围的店铺出售宝洁（P&G）品牌商品，那么在这些车的车牌上就会播放宝洁广告。波斯顿补充道："在家得宝商店的停车场里，也可以在数字车牌上播放广告，显示家得宝商店里面出售什么样的货品。"

波斯顿称，上述车牌已经可以在加利福尼亚州正常运营。Reviver公司已经获得了佛罗里达和加利福尼亚两州立法委员的同意，并且已经初步取得亚利桑那州机动车辆管理部门的同意。这个运营了8年的公司计划在美国德克萨斯州、亚利桑那州、加利福尼亚州和佛罗里达州推行rPlate数字车牌。数字车牌上的信息会随着汽车地理位置的变化而不断变化。现在，这种车牌还具备了定制紧急信息发布功能，譬如极端天气警告或安珀紧急通告①，以及特定识别号码车辆回收通知。这种数字车牌还能自动支付路费和停车费。Reviver公司与美国地方机动车辆管理部门有合作关系。特定类型的广告或通知，经过该部门允许后，就可以发送到Reviver公司的rPlate平台上。"我们一直和机动车辆管理部门合作，"波斯顿说，"我们是一个公私合作关系，rPlate一直致力于把一些很简单的东西自动化。"

不论人们是否愿意把自己的汽车变成一个移动广告牌，每块车牌播放信息的费用（加上每块数字车牌的昂贵成本）、各

---

① AMBER Alert：在发生儿童被绑架事件后，启动一个紧急通报系统，以动员案发地所在社区协助寻找失踪儿童。

州的许可度以及其他一系列相关问题仍悬而未决。但在真正的物联网潮流席卷之下，任何移动的物品都是可以追踪的。车牌也在不断发展，绝不会停滞不前。既然汽车可以联网，它们也可以和其他物品进行连接，譬如司机的家。

连接住宅与互联汽车

连接性是物联网的一大关键要素，消费者似乎希望不论身处何地都能有大量的网络连接。智能手机无疑是当今连接最多的设备之一，消费者想把它作为连接其他物品的枢纽设备。美国帕克斯市场咨询公司（Parks Associates）的一项研究显示，不少消费者也希望把他们家庭的网络与汽车网络相连接。超过1/4的美国车主（27%）希望汽车具备一种能连接家中联网设备的功能，车主坐在车内就可以开启住宅的车库门或前门。这种新功能对消费者来说，似乎具有不小的吸引力。

然而现实中连接是不可能凭空出现的。一项报告显示，互联汽车市场和智能家居市场正在逐渐同步，互联汽车的远程住宅安保和控制、移动娱乐和家庭能源管理正在激发消费者对互联汽车的兴趣。除了使用手机连接汽车之外，消费者最感兴趣的是汽车的内置连接功能。人们最不希望在车内还要使用手机进行连接。这一调研结果对于商家可能具有重要意义，因为广告在汽车屏幕和喇叭里播放出来要比在手机上显示来得直接。

如果互联汽车还能够在行驶过程中为使用手机进行连接的消费者提供位置信息，就更是锦上添花。不过，消费者如何支付汽车的网络连接费用还需商榷，61%的车主希望汽车流量和手机流量能够整合起来，一起收费。

住宅与汽车的互联正在逐步实现中。帕克斯公司称，智能恒温器制造公司Nest、美国家庭安防公司ADT、美国智能家居公司Alarm.com、飞利浦个人智能灯光系统Hue等品牌厂商都已经和汽车公司展开了合作。帕克斯的报告显示，让家庭和汽车进行连接，可以减少居家和外出之间的摩擦力。就本质而言，两种环境下都需要传递信息，并且需要连接起来。

即使有的人未购买智能汽车或互联汽车，但他们愈来愈有可能接触到互联汽车。在汽车制造商不断在未来的新型汽车上添加更多的联网功能时，其他公司也在为自己的车队开发互联功能。譬如安飞士租车公司（AVIS）发布了一款手机应用程序，用于解锁车门、在出租停车场里闪烁车前灯、一键更换车辆。汽车和智能手机的联系已经日益紧密。从发展前景来看，英特尔公司认为，互联车辆本质上就是下一代智能手机。不过，英特尔并非是唯一注重汽车与其他物品互联的公司。宝马公司也将他们的汽车与住宅进行互联，司机可以远程监测和管理诸如空调之类的家居系统。大众汽车公司已经和手机制造商LG合作，在住宅内和车内提供信息连接。这两家公司的合作理念是让消费者与他们拥有的一切物品总是保持连接状态。汽车制造商们也在实施着他们的长远计划：开发无人驾驶汽车。尽管取得的进展各不相同，譬如捷豹公司正计划开发一款全地段越野、无人驾驶的路虎汽车。

事实上，我们距离无人驾驶汽车大量上路的日子依然很遥远，其中原因很多，不过有些原因显而易见。近期，对于汽车推销人员而言，更切合实际的工作就是与那些从更多的地点（譬如他们车里）更加频繁使用数据的消费者打交道。至于向人们推销自动驾驶汽车，那在短时间内还是遥不可及的事情。此外，不仅车里需要配备真正的网络连接，而且其他地点也需要有。

无人驾驶汽车

有些人非常担忧乘坐无人驾驶汽车出行时他们该怎么控制汽车，不过，有这种忧虑的人不必过早地担心，这一天不会很快到来。然而，这不意味着互联汽车不会改变汽车生态系统。一项研究表明，互联汽车能让汽车和乘员一同连接到互联网，也能自动连接到其他互联设备，譬如智能手机、定位装置、其他互联车辆，甚至家用电器。英国市场调研机构Juniper Research在《无人驾驶汽车2.0发展跟踪调查报告》中提到，至2020年，无人驾驶汽车可能达到数千万辆。至2025年，全球将会生产1500万辆无人驾驶汽车，全球无人驾驶汽车的安装基数预计达到2200万辆以上。

美国国家公路交通安全管理局和美国汽车工程师协会曾制定过无人驾驶汽车官方等级：

- 0级——汽车总是完全由司机控制。

- 1级——单个车辆的操控实现自动化，但是司机必须随时准备接手控制汽车，自动驾驶系统包括自动转向与停车辅助系统和车道保持辅助系统。

- 2级——自动驾驶系统可以控制汽车加速、制动和转向，并且可以在司机接管后立即停用。

- 3级——在特定已知的环境当中，司机可以放心地将注意力从汽车驾驶上移开，汽车会提前感知什么时候需要司机手动驾驶，并且预留给司机足够时间来接管。在这一阶段，司机已经不必关注道路状况。

- 4级——汽车可以完成旅程中所有的操控，任何时候都不需要司机的控制。无论有没有司机，汽车都可以自行行驶。

美国汽车工程师协会指出，除了遭遇恶劣天气等少数环境外，第4级无人驾驶系统可以在任何条件下操控汽车。协会又设定了一个最终等级。在此阶段，人只需设置行程目的地并且启动汽车无人驾驶系统，汽车就可以自动行驶到任何法定允许的地点。等无人驾驶汽车发展到后面阶段时，特别是当人们无须注意道路状况的时候，针对车内乘员的营销和信息发布活动才会出现。英国市场调研机构Juniper Research指出，无人驾驶汽车的实现还取决其他一些因素，譬如技术的可靠性、高精度地图和软件算法程序等，此外，还得有愿意购买的消费者。

虽然绝大多数无人驾驶汽车的测试都有人坐在驾驶座上，但还是会有事故发生。2018年的一次事故造成了人员死亡，在美国亚利桑那州的无人驾驶汽车测试中，一辆自动驾驶的优步网约车撞到了一名女子，女子随后死亡。当时，该女子正骑自行车从人行横道以外的地方穿越道路。"亚利桑那州传来了令人十分悲痛的噩耗，"优步首席执行官达拉·霍斯劳沙希当时在推特上发布消息说，"我们在和当地执法部门合作，一同了解事故发生的过程，我们正在联系死者的家属。"

据称，这是第一件自动驾驶汽车致行人死亡的案件。警方称，当时该车处在自动驾驶模式中，不过驾驶座上坐有司机。在对无人驾驶汽车进行测试时，通常要求司机要坐在驾驶座上。优步公司声明："对死者及家属的不幸，我们深表同情。我们正全力配合坦佩市警方和当地执法部门对此事故的调查。"优步也随即中止了在美国菲尼克斯市、圣弗朗西斯科市、匹兹堡市和加拿大多伦多市等地的无人驾驶汽车测试项目。

美国坦佩市警长罗纳德·埃尔科克表示，该辆无人驾驶SUV撞到那名穿行道路的女子时，行车速度约为40英里/小时。警长称这名女子似乎是个流浪女，该司机当时并未受伤，肇事的无人驾驶车辆的车型为2017款沃尔沃XC90。警方调阅了车外和车内司机的录像。坦佩市警察局在周一稍晚时候向路透社发表声明："警方未对此次事故进行定责。"埃尔科克在新闻发布会上表示，该事件的调查工作将转交给县检察官办公室。

优步已向沃尔沃汽车公司下了订单，购买24000辆XC90和XC60 SUV，所有车均配备无人驾驶核心技术。"我们无法预测本次事件的起因，以及会对无人驾驶汽车产业的发展产生什么影响，"丰田发言人布赖恩·里昂对我说，"因为我们感觉此次事件可能会对参与测试的司机产生心理影响，所以丰田研究所暂停在公路上测试无人驾驶车辆的'司机模式'。"

在亚利桑那州撞人事故发生后，波士顿市政府暂时叫停了NuTonomy和Optimus Ride两家本地公司在波士顿海港区的测试。"我们已经按照波士顿市政府的要求，暂停在公路上测试无人驾驶汽车，"NuTonomy公司一位发言人称，"我们正在和波士顿市政府合作，确保我们的无人驾驶车辆试点符合较高的安全标准。"要使无人驾驶汽车成为私家车，让人们可以成规模地随时使用，可能还为时尚早。与此同时，无人驾驶汽车还能为人运输货物。

由无人驾驶汽车配送的比萨饼

在拉斯维加斯的国际消费类电子产品展览会上，日本丰田公司发布了他们自行研发的无人驾驶概念车，丰田随即又公布了与必胜客的合作：必胜客将使用这种车辆运送比萨饼。但这项合作的内情远不止于此，必胜客已经成为新成立的"移动服务业务联盟"创始者之一，该联盟的创始人还有亚马逊、马自达、优步以及优步的中国对手滴滴出行。丰田将他的无人驾驶概念车命名为e-Palette。这次开展的全球合作是为了探索未来的比萨饼运货方式，目的是提升全球范围的配送服务。"我们在不懈地努力获得、诠释这种现代的比萨饼运送体验，我们致力于寻找技术解决方案，让我们的合作伙伴和司机们带给客户更优质的体验。"必胜客总裁阿尔蒂·斯塔尔斯称，"丰田是人类移动方式领域无可争议的领袖，以创新、可靠、高效著称。我们在与丰田合作，制定比萨饼运送服务的未来。"

这一行业的发展态势非常有趣。亚马逊和优步等一些大公司联合起来一同利用丰田专用的移动服务平台，研发了一套互联移动设备，创造出一个覆盖范围广泛的生态系统来提供软件和硬件支持，目的是帮助各种各样的公司运用这种先进的移动技术。丰田表示，他们已于2020年在美国和其他国家的一些地区对e-Palette概念车展开试验，计划将于东京奥运会期间用来接送运动员。但比萨饼运送工作的最后一步有可能会通过另一项机器人技术来实现。

必胜客的运送车辆将配备一个双向的通信技术，用于获取驾驶模式和行为的数据，用于改善现有的人工驾驶运货系统，包括货物调配方式。这项服务预计在试验开展一年后，在美国全面实施。必胜客此前发布了一项语音点餐服务。该项服务是借助亚马逊人工智能语音助手Alexa、必胜客的比萨饼追踪系统和"必胜客忠实客户奖励计划"来实施的。据必胜客和丰田公司的联合声明，丰田的e-Palette车辆能够改变必胜客未来的送餐业务模式，同时，还可以成为一个遍布世界各地的移动厨房，从而符合消费者的购买兴趣。

福特公司也正在涉足比萨饼运送行业。该公司使用无人驾驶汽车，在迈阿密大街小巷和海滩运送达美乐比萨饼。福特公司无人驾驶汽车和电气化副总裁谢里夫·马拉克比透露，他们正在和美国迈阿密戴德县合作，进行相关测试，以此证明这一商业模式能够取得成功。该试点项目是为了解决无人驾驶车辆运送食品过程中可能出现的种种问题。这些问题包括：送货之前，员工该如何完成无人驾驶货车的装货和上路准备？货物送达时，客户如何与车辆互动，取走他们的食物？人们愿意走出他们家门多远的距离取回食物？人们能够、应当从无人驾驶汽车送货体验中获得什么样的好处？马拉克比在福特公司发布的一份声明中称："我们从这次的客户体验调查当中学到的东西，将应用在我们专门设计的无人驾驶汽车上，我们计划在2021年发布这款汽车，用于拓展我们的服务范围。"

"我们也可以换一种思路去考虑问题，那就是想一想人们想获得这样的便利需要付出多大的代价？"马拉克比道，"今天的递送业务确实可以直接将食物送达人们的家门口，但是通常要额外收费。如果找不到停车位，送货员通常会非法将车辆挨着其他汽车并排停放，有可能会造成交通堵塞。而无人驾驶车辆不仅不收小费，而且不会非法停放。"福特公司已经向试点区域投放了一队无人驾驶汽车，对各条道路进行测绘，并建立了第一个无人驾驶车辆运营中心用于制定无人驾驶车辆管理流程，停放测试车队。

各大公司现在已经开始探索无人驾驶汽车的应用范围，比把其作为乘坐工具卖给个人的想法更为超前。同时，美国政府也在密切关注现有相关法律是否完善，以及有无必要制定新的相关法律。

互联汽车的管理

美国政府正在介入无人驾驶汽车领域，至少是通过管理的方式来实现的。各种形式的互联车辆进入市场有一段时间了，都在朝着完全无人驾驶汽车的方向发展。美国众议院通过了一项提案，为无人驾驶汽车制造商试验新车提供便利。法案规定，无人驾驶汽车不必遵循正常汽车安全测试标准（即在一年试验期内对10万辆汽车进行安全测试）。但是提案也明确规定，"必须符合机动车的防撞标准……直到美国国务卿亲自签发安全评测证书为止。"这项提案还需要经过美国参议院的同意。然后，参议院要求美国交通运输部（U.S. Department of Transportation，DOT）调查通过什么方式告知消费者不同自动化程度的无人驾驶车辆的优缺点以及哪一种方法的性价比最高。等调查完毕后，美国交通运输部才会开始制定相应的规章制度，要求无人驾驶汽车制造商将安全标准告知消费者。

提案将自动化程度高的自动驾驶车辆定义为"配备自动驾驶系统的车辆"。提案进而将自动驾驶系统定义为"一整套能够共同稳定持久地完成动态驾驶任务的车载软件和硬件"。提案允许第一年试验的汽车数量起始为2.5万辆，第二年上升至5万辆，第三年则上升至10万辆。提案还包括了一项消费者隐私权条款，要求汽车制造商提供一份书面的消费者隐私权保护方案，说明如何对自动驾驶车辆的车主或乘员个人信息进行收集、使用、共享和存储。

各大汽车制造厂商正与谷歌、优步、苹果等公司开展合作，其他汽车制造商则致力于开发无人驾驶汽车。这项提案的目的就是加速无人驾驶汽车的研发。新制定的法案将设立全美通行的测试标准，取缔各州现行的测试标准。这样至少可以把每个法律主体置于同一套规则之下。所有无人驾驶车辆造成的事故，无论能否提供保险索赔，都需报告至联邦政府。除了无人驾驶车辆的管理之外，开发者会把今后的关注点放在无人驾驶车辆的安全和自动防故障系统研发方面。

黑客攻击下的互联汽车

网络互联汽车也许存在一些尚未发现的缺陷。例如远程开关车灯、移动座椅、开关汽车天窗，甚至还能阻止司机操作汽车系统。腾讯科恩实验室的研究人员在官方博客上发布文章，称他们发现特斯拉S型车存在多项安全漏洞，并且借助这些漏洞，可以在停泊模式和驾驶模式下远程控制汽车。文章后面附上了一段演示视频：受测试车辆在行驶过程中，挡风玻璃上的雨刮器被远程启动了，后备厢也被打开了。另外，这辆车还遭到了突然的远程制动。而受测试的汽车并未经过改装，且安装了最新的特斯拉车辆固件。

研究人员表示，他们已将研究结果和技术细节告知特斯拉公司，特斯拉的产品安全小组也证实了这一点。该文称，腾讯科恩实验室已和特斯拉公司合作，共同解决上述安全漏洞。他们通过空中下载技术为特斯拉汽车发布了安全补丁。但类似这样的安全问题并不能彻底消除，尤其随着人们把愈来愈多的技术应用于无人驾驶车辆，情况更是如此。

互联汽车技术

在国际消费类电子产品展览会上，展现了不少概念型互联车辆。三星在他们的大型展位上，也展出了一款概念汽车。三星之所以能够推出这款概念汽车，哈曼国际公司的技术支持功不可没。三星此前斥资80亿美元收购了哈曼国际公司。三星通过这款汽车展示了未来仪表盘的样子，其中包括代替所有传统后视镜的摄像头、一块显示屏。然而，互联汽车发展的背后却离不开复杂的"技术架构"系统。以色列汽车公司Valens Automotive正是一家提供这一项技术的公司，我曾与该公司的高管有过交谈。该公司市场营销部高级副总裁兼汽车业务部门主管米哈·里斯林说："互联汽车作为一种概念汽车，在过去几年内发展势头十分强劲，未来无人驾驶汽车的发展更是如此。"作为一家先进的车载半导体技术供应商，现在，Valens Automotive正与三星、高通等多家公司合作。

"汽车将成为一个移动的数据中心，这也就意味着车内的网络连接与车外的网络连接同等重要，"里斯林补充道，"但现有的技术或解决方案根本无法满足这一新型移动数据中心的需求。这一巨大的变革不仅仅发生在自动驾驶领域，而且也发生在信息娱乐方面。因为不论是否在驾驶汽车，人们将来都会有更多的空闲时间，所以他们会希望汽车制造商能安装更多的显示器和传感器，这些设备需要更多的互联性。"

Valens Automotive公司在国际消费类电子产品展览会的演示上，展出了一种可把车载显示器与汽车中控计算设备连接起来的互联技术。"通常来说，论重量，现在线路系统是汽车上排名第三的部件。"里斯林说道，"线路系统好比是车里的一只大象。我们要做的就像是费力地把一头大象塞进一辆小车里，这就是汽车的互联性问题。"里斯林也指出，不论智能汽车还是互联汽车，所有研究工作都有一个重要的共同点。"有一个问题或要求是任何人没法或不愿意让步的，那就是安全问题，"里斯林说道，"安全问题甚至变得比以往更加重要，仅仅是因为我们正在解决无人驾驶汽车的问题，如果处理的方式有差错的话，就会随之产生很多风险。""不久的将来，所有汽车厂商都会推出不同自动化程度的无人驾驶汽车，也会带来更好的信息娱乐功能。每个人都知道，这就是未来。"一旦无人驾驶的共享汽车业确信安全问题会得到解决，无人驾驶车队将会到来。

无人驾驶汽车预约服务

今后，将会有愈来愈多的车辆能够实现自动驾驶，很多车型并非只能承载一人。世界上最早的无人驾驶车辆可能是大型客车或大型货车。根据美国市场研究与咨询机构Tractica的预测，无人驾驶卡车和客车的全球销售利润2018年为8700万美元，四年后将增至350亿美元。"随着无人驾驶车辆测试项目成功的消息接踵而至，无人驾驶卡车和客车的潜力将是巨大的，市场也在加速扩大，"美国市场研究与咨询机构Tractica研究分析师马诺耶·萨希说道，"一些知名公司把未来两到三年看成是一个决定成败的时间，他们都在加大投资，以求大力发展无人驾驶汽车。"

丰田公司发布的e-Palette无人驾驶概念车既可以设计为可搭载多名乘客，共享行程的车辆；也可以定制成货运车辆，如配送比萨饼的无人驾驶车。同时，对无人驾驶汽车的测试工作依然在进行中，譬如，美国谷歌旗下公司Waymo订购了数千辆丰田混合动力厢式汽车用于在菲尼克斯市提供无人驾驶汽车的网约车打车服务。

事实上，这项试点工作可能会具有更大的现实可行性。据媒体资讯网站Quartz报道，美国亚利桑那州交通运输部为谷歌的子公司Waymo颁布了运营许可证，允许该公司运营无人驾驶网约车。这样一来，Waymo公司就直接与优步和来福车两大网约共享车公司形成了竞争关系。而这两大网约车公司也在致力于研发无人驾驶汽车。在对无人驾驶汽车进行测试时，在开启自动驾驶模式之后，通常都需要有人坐在驾驶座上，以防万一。无人驾驶汽车共享服务和货运服务已经逐步成为现实，但是向个人用户销售无人驾驶私家车可能为时尚早。

Waymo公司和其母公司谷歌的无人驾驶卡车在美国加利福尼亚州和亚利桑那州已经通过上路测试，接着在佐治亚州亚特兰市进行实地试验，即使用无人驾驶卡车向谷歌数据中心运送货物。"我们将会和谷歌物流团队合作开展这次试点工作，这将有助于我们进一步改进我们的技术，并将这些技术整合到托运人和承运人的运营中，与他们的工厂、配送中心、港口和码头网络相连接。"Waymo公司在所发布的文章中称，"由于我们的无人驾驶卡车将会在该地区的公路上行驶，我们将会雇用受过良好训练的司机坐在驾驶室里监视驾驶系统，如有必要则接管车辆。"无人驾驶卡车上安装了与Waymo公司的无人驾驶小型客车相同的传感器。Waymo公司表示，他们所有车辆的自动驾驶里程数已达500万英里。

互联汽车的共享服务

来福车品牌（Lyft）联合创始人兼董事长约翰·奇默在美国内容发布平台Medium上发文称，5年内，来福车的共享车服务的大部分行程将由无人驾驶汽车完成。如果这一天真的到来，乘客们就会有更多的空闲时间，在旅途中享受娱乐时光、接受产品销售。美国通用汽车公司与来福车合作紧密，前者斥资5亿美元发展共享车服务。对汽车制造商而言，这称得上是一笔较为理性的投资，或是一项保护性战略举措。美国通用汽车公司每年销售利润高达1500多亿，需要保护的利益着实不少。

奇默认为，到2025年，美国主要城市的私家车将会被互联汽车全部取代。奇默表示，当网络互联汽车全力发展之时，就是市场发生转变之日。"当网络互联无人驾驶汽车驶进人们视野，而且费用还低于普通汽车的购买成本时，大部分城市居民将一齐停止使用私家车。"奇默道。他还引用了其他类似的例子来阐述他所谓的汽车驾驶行为将发生的转变。"科技已经重新定义了与人们日常生活息息相关的所有产业：你无须拥有一项产品也可以享受它带来的好处，"奇默说，"随着美国在线影片租赁供应商Netflix出现、流媒体服务的发展，购买DVD就已经过时了。全球最大的流媒体音乐服务商Spotify的出现，使得购买CD和MP3变得没有必要了。我们最终也会停止购买汽车。"

据奇默称，到2025年的时候，买车就会像买DVD一样过时。他预测，在未来5到10年内传统汽车将与无人驾驶汽车在道路上并存，本质而言，那就是混合式交通网。奇默道，从有人到无人的转变不是一夜之间就能完成的。"我们现在还处在三个阶段中的第一个阶段，直到车辆可以无须人工介入可以自动运行时，才会进入最后一个阶段。第二个阶段，即两种车混用时期，指的是性能有限的无人驾驶汽车与传统汽车同时在路上行驶的时期。首先，全自动驾驶汽车仍存在一系列制约因素，"奇默表示，"全自动驾驶汽车只能低速行驶，无法在某些气候条件下行驶，在通过一些特定交叉路口和道路时，仍需要导航。随着技术进步，自动驾驶车辆能够适应愈来愈多的环境。假设一开始来福车的无人驾驶车队能够以25英里/小时的速度在平坦、干燥的道路上行进，那我们就会对车队进行升级，让它们在同等条件下达到35英里/小时的行驶速度，直到无人驾驶汽车适应所有类别的路段为止。"

随着互联汽车愈来愈自动化，车内乘员在车辆行驶过程中需要实施的操作也愈来愈少，一些品牌商和经销商的机遇也将慢慢到来。"无人驾驶车内部最终会变成什么样子？人们提出很多想法，"奇默补充道，"车里会有沙发和电视屏幕吗？下班回家途中，我们可以和朋友在车里共度快乐时光吗？当我们的孩子问'我们到了吗'的时候，汽车会回答吗？"现在能够让汽车变得更加自动化，甚至实现无人驾驶的技术在很多领域里正处于发展状态。不过很多消费者已经指出，这并不意味着普通大众必然会对无人驾驶车辆产生消费需求。来福车正致力于推动这一领域的发展，至少在专心发展他们自己的共享车。优步也不甘示弱，走上了相似的道路。

同时，其他大型公司实体也加入了探索共享车市场的行列。

连接手机与互联汽车

虽然目前互联汽车还不能大规模实现无人驾驶，但它们正在进入市场。不过，至少在短期内，互联汽车可能和我们想象的不太一样。Forrester在一项调查研究《论互联汽车的未来》中指出，汽车厂商正面临着提升互联汽车乘员体验的挑战；同时，也面临着一些新技术带来的挑战，譬如车主抱怨看不懂系统、系统菜单过于复杂、智能手机与汽车系统很难配对、语音识别不管用等问题。另一个需要解决的重大问题是，很多车主并不希望他们的网络月费账单上附加愈来愈多的订阅费。美国道路上汽车的平均使用时间超过了11年，大多数车辆将在20年后被替换掉。汽车行业称，到2025年，所有的新车都将具备网络互联性，但世界各地的人们对汽车互联功能的需求不尽相同。

该调查显示对汽车互联功能需求最高的地方是中国。

以下是中国车主和美国车主对互联网功能最感兴趣的地方：

中国车主对汽车互联性的兴趣

- 74%——联系人的位置信息

- 73%——语音互动应答

- 65%——网络连接

- 64%——车载应用程序商店

美国车主对汽车互联性的兴趣

- 31%——语音互动应答

- 31%——网络连接

- 26%——联系人的位置信息

- 23%——车载应用程序商店

　　Forrester公司称，很多消费者（并非全部）都希望在车内增加互联功能，另一方面，无人驾驶汽车技术至少需要5年时间才能证明其可行性，而且还需要符合政府相关法律法规的要求，汽车厂商还需将生产成本降至一个合理区间内。汽车厂商今后只能为车队或个人提供昂贵的无人驾驶汽车，预计在未来20年内取代现有的大批车辆。不过，Forrester表示，消费者无须等待配备新技术的汽车出现，因为一批配备了物联网技术的改进型设备已经大量涌现。这些设备大多依赖智能手机应用程序来进行安装和持续性互动，其价格从99美元到几百美元不等。这类设备可以提供车内免提接听、行车记录、UBI车险①缴费、行车辅助和导航等服务。

---

① UBI 车险（Usage-based insurance）是基于使用量而定保费的保险。

车载物联网产品可以保持客户和品牌商家之间持续的信息交流，这点是最重要的。Forrester的研究显示，这种产品能够让品牌商家为客户提供常规支持和帮助，所形成的这种服务关系远远超出了临时的交易关系。未来也许会出现真正的互联汽车，但现在的车辆仍然需要借助手机的帮助才能实现互联，不过这样的情况很快就会改变。

无人驾驶警车

福特公司已经申请了一种无人驾驶警车的专利，该警车可以自动识别其他违反交通规则的车辆，并采取相应的处罚措施。福特的专利申请书显示，车辆违反交通规则时，无人驾驶警车会与附近的远程设备或者第二辆汽车进行无线通信，从而确认是否违反了一条或数条法律法规。此外，专利申请还写道该技术可以"操控无人驾驶警车去跟踪发生违规行为的车辆，追踪它的位置，并根据追踪结果对其采取车速和方向控制等相关措施"。"警察的日常任务，诸如给超速或未遵从停车信号的车辆开罚单等，可以交由无人驾驶警车完成，这样警察就可以专注于自动化系统无法胜任的任务。"

福特公司研发这种无人驾驶警车的目的就在于加强交通执法，替代交通警察给司机开罚单，并告知司机所触犯的法律条款。该专利文件上还透露，这种警车可以使用深度神经网络

（Deep Neural Networks，DNN）之类的机器学习工具，寻找较好的藏匿点来抓捕发生违法行为（包括超速、闯红灯、未遵从停车信号等违法行为）的司机。司机一旦未依照停车信号停车，路上的检测摄像头或其他的车辆会捕捉这一行为，并将信息传达至无人驾驶警车。无人驾驶警车也装有探头和其他可用于识别、追踪车辆的设备。专利文件最后提到，无人驾驶警车不仅可以追踪其他汽车，而且可以与被追踪的车辆进行通信，确认该车是处于自动驾驶模式，还是由司机在驾驶。

福特公司在互联汽车这个领域里非常活跃，曾进行两次收购和数次内部重组。为了加速交通服务的发展，福特收购了美国硅谷技术公司Autonomic和美国软件平台供应商TransLoc，这两个公司都主营交通技术业务。福特表示要在一年内给美国所有的新型车辆配备互联功能，两年内给全世界九成车辆配备互联功能。"交通运输是我们所采取的系统方法的组成部分，我们相信，良好的交通运输可以让城市重现生机，"福特移动公司总裁马西·科勒沃恩表示，"通过我们今天所做的改变，加速发展我们所能提供的移动服务，我们正在实现复兴，提升我们的竞争力，并为福特股东创造长期价值。"

福特也宣布将他们的团队进行重组，形成四个各自的团队：原来的团队主营移动解决方案；而重组后的团队致力于孵化新的商业模式，为车载服务和自动驾驶汽车业务提供支持，研发新技术、激发消费者需求。

互联汽车的收益

虽然很多人对互联汽车都抱有一种看法，就是这种车辆将会向自动驾驶或无人驾驶的方向迈进，但事实上最重要的一点就是，要把更多的精力花在车载通信和娱乐方面。向车内乘员推送信息有可能为商家带来极其可观的利润。根据英国市场调研公司Juniper Research的一项调查，车载信息娱乐系统将在4年内创造出逾6亿美元的利润。该调查报告指出，随着苹果车载系统Apple CarPlay和安卓车载系统Android Auto的影响力日盛，消费者对互联汽车的接受度将会快速增长。而消费者的接受度有望引发新一波的专用车载应用程序研发浪潮，譬如车载游戏和高级交通导航等。

互联汽车现在正在经历一个重大的转变，即人们不再借助智能手机连接车内设备。到目前为止，智能手机已经成为互联汽车的中枢。汽车正逐渐成为这种无线连接功能的载体。Juniper公司称，当人们要求把更多的技术应用于汽车时，苹果和谷歌之类所谓的"高端玩家"将在互联汽车的发展中起到愈加重要的作用。随着新的车载流媒体服务的到来，消费者的期望也将愈来愈高，这对于商家来说会是一个挑战。譬如，苹果和谷歌都正在开发一种车载应用程序生态系统，便于消费者通过汽车音响主机直接下载新的服务。消费者也会期待他们的智能手机厂商也能提供相同速度、功能和服务的应用程序。亚马逊也紧随其后，他们宣布其智能音控服务Echo可以和福特的语音控制车载通信娱乐系统Synch进行互动，这预示着互联汽车将来能与智能家居连接。

依据Juniper公司的排名，无人驾驶汽车领域的领袖企业从前往后分别为：谷歌、沃尔沃、戴姆勒、特斯拉、苹果。谷歌位列第一，因为谷歌公司的无人驾驶汽车在公路上行驶的时间最长，行驶的里程数最多。

在汽车能够实现自动驾驶之前，当前司机和乘客有望借助汽车连接其他设备，从而获得更优质的驾车辅助和乘车体验。

互联汽车的营销

由于空间有限，坐在互联汽车里的乘客是被动观众。汽车的互联功能包括免提电话、车载娱乐、天气查看和交通导航，但是汽车所具有的互联功能远比人们想象的多。各式各样的技术能够追踪车辆，从而传输和储存汽车行驶里程数、紧急制动、加速和车速等信息。这些功能现在都已经可以借助智能手机实现，所有的追踪服务通常要像以前一样，要经过消费者的同意才可以开启。对互联汽车进行追踪，也得需要消费者的许可，这种情况可能出现在租赁或购买汽车的时候，或车载应用程序申请权限的时候。

互联汽车完全知道自己的位置和旅途的目的地，这就为商家推销商品提供了可能性。只要依据汽车的位置和经常行驶的路段，商家就可以对司机进行精准的商品推销。我们可以把互联汽车想象成是一个移动的超级智能计算机，它能够持续追踪自己所有的细节信息，包括汽车状况、行驶地点、司机和乘客信息、常去的地点和乘客的车内活动等。在未来，互联汽车会变得越来越智能。正如前面的章节讲到，数字语音家庭助手会成为房主助理一样，互联汽车技术也将朝着相似的方向前进，我认为未来可能会出现下列的场景。

场景一：

某周五早晨，特丽莎·奈特准备开车，踏上前往办公室的漫长旅程。她打开车门的同时，车库门也开启了，她将互联汽车开出车库后，汽车自动发出信号，关闭了车库门。特丽莎以前需要用遥控器关闭车库门，现在她的互联汽车可以自动控制车库。特丽莎启动汽车后，对汽车问道："我今天有什么日程安排？"互联汽车搜索了特丽莎的日程，告知她今天早上与查尔斯·格兰杰约定会面。汽车随即检查了交通状况，告知特丽莎行车途中发生了一起交通事故，因此她预计会迟到8分钟，于是汽车就给查尔斯发了一封简短的邮件："我是特丽莎的助手。特丽莎让我转告您，她在途中遇到了交通堵塞，会迟到10分钟，对此她深表歉意。她非常期待与您见面。"邮件发送完毕后，汽车会发出提示音，告知特丽莎邮件发送成功。

特丽莎开始驾车时，汽车会连接她的家庭安全系统，发现一扇门未上锁。汽车检测了运动探测器和传感器，推断特丽莎的丈夫斯科特已经离家，因为在过去15分钟内未在房屋里探测到人的活动。于是汽车就远程锁住了家门，并发送信号关闭了2楼的灯。在特丽莎驾驶途中，汽车为她检查了近3天本地油价变化，因为她的油量只剩1/8了。汽车根据她家和工作单位的距离，计算出特丽莎在回家途中需要给汽车加油。汽车找到了价格最低的加油站，稍后标记出加油站的位置，把加油站加到回程路线里。

回程路上，特丽莎把车开入加油站，互联汽车把支付信息发送到了车旁边的油泵上，服务人员看到了油泵上的信息，知道特丽莎想要给车加满油，于是服务人员照做。特丽莎连车窗都不用打开就完成了加油，她继续驱车上路朝着家行驶。互联汽车提醒她天气预报显示第二天会有暴风雨，并告诉她明天的菜最好今天就买好，于是汽车系统查看了冰箱的存货，并根据斯科特和特丽莎的饮食习惯，在购物清单上添加了短缺的食材；这些食材是斯科特和特丽莎两人都需要的可能性高达94%。汽车查阅了特丽莎和斯科特近3个月回家途中经过的超市，计算出他们俩会有一人经过"凯莉和伊西的食品超市"的概率是88%。汽车计算出两人今天在回程路上都会经过这家超市。汽车又检查了超市的库存，确认他们可以购买到所需的食材，然后又追踪了斯科特的行驶位置和方向，确认了他也在往家的方向行驶。在计算了两人车速、方向、行驶道路的交通状况和预计到达时间后，汽车系统确认斯科特去购买食材更有效率。于是汽车给特丽莎和斯科特两人都发了信息。斯科特口头答应了请求，他的汽车便重新规划了返家路线，朝那家超市行驶。斯科特的汽车给超市发送了订单，并使用斯科特的银行储蓄卡支付。到达超市后，斯科特把车开到了线上订购取货区。进入取货区后，他的互联汽车给超市系统发送了消息，并上传了一张照片，照片上有斯科特的汽车和他坐在汽车里的场景，便于超市服务员辨认。随后汽车后备厢自动打开，服务员把货物放了进去，后备厢又自动关上了。

十年前，司机开车经过一些餐馆时，店员会给司机塞打折券和优惠券。现在有了互联汽车，如果还想着用那种老办法来推销，那就显得太古怪了。面向司机和乘客的新型商品推销方法就是依据人们过去的行为来精确地预测他们需要的商品，向他们推销更多类似的商品。推销信息可以借助诸如汽车广播、车载屏幕、司机或乘客的手机等媒介进行发送。汽车接收到的信息取决于司机当前的活动，可能是沿途商家发送的商品广告，也可能是一笔未付款的订单。一位消费者在通勤的路上恰好经过一家口碑很好的新饭店，如果他询问互联汽车："嗨！汽车，今天有什么新鲜事吗？"汽车就会将天气状况、新闻和今天安排的事务告诉他，之后汽车会询问司机要不要去体验一下人们热议的新饭店。如果他的回答是"要"，汽车就会从一周的时间里挑出一个最理想的开车时段，规划出前往这家饭店的路线。互联汽车还可以记录事务，并根据当时的时间和情景把事务调阅出来。

不要把互联汽车看成"司机"，只需把它们看成你日常使用的智能工具。一位消费者坐到互联汽车里面时，就和他在使用智能手机、电脑，以及观看电视时没什么两样，只不过互联汽车是在不断移动中。人们的活动和行为应该相互连接，因为消费者自己的行为最终要通过家中和路上的智能代理联系在一起。

从很多方面来看，互联汽车其实已经进入了我们的生活。在互联汽车与行驶环境的第一个发展阶段里，开发人员将会优先考虑实用性。汽车会接收外部信号，从而改变汽车的行为。

试想下面的场景可能会出现在未来：

场景二：

玛丽·德希欧正驾驶着她的互联汽车。她开启了汽车的红灯识别功能，该功能计算出汽车到达信号灯时，交通信号灯是否会变红，于是，她的汽车就自动调整了速度，为的是到达信号灯时恰好遇到绿灯。汽车利用传感器把前后方的交通情况纳入行驶速度的调整里。随后，汽车接收到的一个信号显示，后方有一辆应急车辆正在靠近，预计57秒后将会到达玛丽的汽车所处位置。玛丽随后就收到一个语音提示："应急车辆预计57秒后到达。"玛丽随即告诉汽车给紧急车辆让道，汽车也照做了。汽车根据行驶的方向和玛丽以往的行为推断出玛丽正行驶在回家路上，于是汽车就连接了玛丽的住宅，启动并设定好恒温器和照明系统，并在即将到达家门口时，汽车自动打开了车库大门。汽车引擎停止的同时，车库门也关闭了。

互联汽车与司机和乘客的互动能力将会进一步提升，尤其是人们在车外安装了越来越多的传感器，让汽车的通信速度发生了质的飞跃。

综上，针对互联汽车的营销行业，可以从以下六个方面进行考虑：

● 利用定位——汽车永远都会知道自己所在的位置。旅程沿线的商家可以在任何时候联系到司机，向汽车仪表板、智能手机，甚至电子邮箱里发送语音信息或文字消息，消息内容与汽车过去位置、实时位置以及将来到达的位置有关。所以，请明智地使用位置信息。

● 为更快的通信速度做好规划——5G技术将带来一个更高速的移动网络，一部两个小时的电影或相似大小的文件，只需要几秒钟就能下载完成。所以请准备好开发更丰富的内容。

● 开发车内推销手段——消费者很忙，但当他们购买商品时，他们同样对新商品感兴趣。所以请检查消费者的近期和过去的交易记录，以确保把正确的信息推送给消费者。

● 关联司机活动——请把坐在互联汽车里的客户和你在其他地方遇到的客户一视同仁。请在各个购物平台统计客户的消费行为，互联汽车仅仅是众多平台中的一个。

● 利用车载屏幕——车载屏幕的数量将会不断增加，质量也会不断提升。所以请开发有用的服务，好让消费者透过屏幕体验到这些服务。车载屏幕不仅仅是用来播放商业广告，虽然商家也可以在屏幕上推送广告。

● 相关性——请确保通过互联汽车发送的信息和服务，与消费者的位置、过去行为、现在行为和将来可能的行为相关。

DIGITAL
TRANSFORMATION
3.0

07
不再只是玩偶：
机器人和无人机的重大突破

正如本书所述，物联网主要处理人们和企业所涉的自动化事务。机器人技术对执行重复工作尤其有效，比如工厂装配零件、制作汉堡、调制饮料等。而无人机则在地形复杂的区域有其独有的优势，比如向偏远地区运送救命药品，向特定住宅空运一份比萨。我们可以采用许多方法来使用机器人和无人机，它们在挑战传统行事方式的同时，有能力去改变整个物联网生态系统。

当前，机器人技术已经在工厂使用多年，而自动化和遥控设备才刚刚从工厂缓缓走出，进入大众视野。它们常被用于事件监控：比如波士顿马拉松赛中向安保部门提供了俯视图，为迪士尼乐园制作实景夜间灯光秀等。在欧洲和美国，递送机器人沿着人行道移动，把商品送到消费者家中，还在劳氏公司把顾客导向他们所寻找的商品。

机器人正逐步具有人类面部表情。为了模仿人的面部表情，剑桥大学计算机科学与技术系开发了一台名为查尔斯的机器人。旨在将人类肢体语言应用于机器，以此判断人类是否能够更好地与机器人交流。"我们一直很有兴趣，想知道我们能否赋予计算机更强的能力，让它理解面部表情、语调、肢体姿势和手势，"彼得·罗宾逊教授在该项目通告中说道，"我们认为，判断计算机系统——机器人能否真正展示与人类相同的特征，人类能否与机器进行更多交流，这是一件非常有趣的事。机器能用面部表情回应，而这种回应原本只有人类能够做到。基于上述原因，我们开发了查尔斯。"

查尔斯的样子有点奇怪，更准确地说，是查尔斯的脸有点奇怪。从它脑后伸出来的电缆连接着试图模拟人脸肌肉移动的小型发动机。"只是我们的控制程序还不够完善，而且我们此刻使用的人脸仿真也还不够好，所以它看起来不太自然，"罗宾逊说道，"大多数人都会发现它看上去有点奇怪，由此可以看出，人们十分擅长从其他人的面部表情看出问题。不同表情可能暗示这些人或者生病了，或者有其他的原因。"在这所大学的一次演示中，查尔斯的人脸模仿显得极为逼真。

长着一张消费者脸的机器人，如软银仿真机器人佩珀，在亚洲比在美国或者欧洲更受人欢迎，至少目前如此。不少企业一直在考察他们的客户面对这种遥控技术，以及基于人工智能，有着自主思想特征的技术时会作出何种反应。本章旨在展示此类技术的广泛用途。

值得信任的递送无人机

尽管技术在进步，然而许多消费者可能还没有做好接受创新的准备，而且可能还需要进一步了解这些创新所带来的好处。面对聊天机器人、虚拟现实和机器人的发展前景时，许多人还无法完全认同。一项由调研机构IFTTT（If This Then That）实施的调查表明，在1000名美国消费者中，大多数（68%）消费者从未使用过零售聊天机器人，并且将近1/4（23%）的消费者甚至还不知道聊天机器人为何物。但是，在某些购物技术领域也有积极的讯息。尽管大多数（83%）消费者不相信机器人能为他们购物，但还是会相信以无人机形式存在的机器人能为他们递送在线订单。随着最受欢迎的家居装饰案例的普及，多数（59%）消费者也能用开放的眼光看待虚拟现实购物。但在另一方面，大多数（66%）购物者宁愿以传统的方式快递货物也不愿使用无人机。

随着越来越多的家庭使用语音助手，36%的消费者宁愿待在家里用亚马逊Alexa或Google Home购物，也不愿去当地的购物中心。零售商们也有望在实体店里忙碌，因为只有34%的消费者说他们的网上购物多于商店购物，说明剩下的人们还是更乐意去实体商店。

普华永道《2018年全球消费者观察》谈到了一些与无人机递送有关的消费者观点，调研显示，超过1/3（38%）的消费者相信无人机能递送他们的包裹，其中22%是低值产品，16%是任何产品。这项调查包括全球27个地区的2.2万名消费者。26%的消费者表示，他们不会考虑使用无人机递送商品。该研究指出，其他递送选项还包括机器人、自动储物柜和传统配送卡车，相较而言，无人机递送比较复杂。

除了监管和空域拥挤的问题外，无人机递送的一个明显问题是最后一步，比如一个包裹是落在阳台、前廊还是以某种方式落在顾客手中。与此同时，诸如亚马逊和达美乐等公司也在尝试无人机递送。在中国，最大的快递供应商顺丰获得了运营物流无人机的执照，将无人机包裹递送的设想转变为现实。如今用于商店或递送商品的技术越来越多，而物联网恰恰是技术能力与消费者使用及行为之间的桥梁。随着无人机和机器人的成熟，消费者的期望也会不断提升。

挥手即停的无人机

亚马逊已获得使用手势向无人机发送信号的专利。根据该专利，为识别人类以导航或方向为目的的交互活动，比如指示无人机靠近或投落包裹，无人驾驶飞行器将进行参数设定。人类与无人驾驶飞行器的交互方式包括飞行器可以识别的人类手势组合。

"人类手势包括可见手势、可听手势以及其他能被无人驾驶飞行器识别的手势"，专利中是这样表述的。例如，无人机可以设定为能够识别某些手势并递送包裹。亚马逊和其他公司已经尝试了一段时间的无人机递送。该专利表明，机载管理系统能够处理人体手势，并指示无人机执行某些操作。

同时，一些手势也会指示无人机不应继续靠近。例如，当车辆接近时，人可以以射击的方式挥动他们的手臂，无人机可以确定这种手势表明它不应朝该人的方向继续前进。这项专利于2016年申请，2018年获得批准。

无人机搭载的营销和广告

当前，物联网已成为一种全球性现象，而且各大品牌都希望一次使用数百甚至数千架无人机，以此用多种形式来制作信息。我们可以想象一下互动的、飞行的广告牌。英特尔在无人机创新方面一直发展迅猛，他曾展示500架无人机夜间在德国编队飞行的视频，无人机上的LED灯拼出了"英特尔"这个单词。这是第一个已知的例子，数百架无人机在夜空中描绘公司标志。在平昌冬季奥运会上，英特尔创造了另一项破纪录的无人机表演，1200个无人机飞行器同步飞行，组合出奥运五环。闭幕式上，无人机在空中组成了平昌冬奥会吉祥物白老虎。在天气许可的情况下，无人机还会在每晚的夜间颁奖仪式上现身助兴庆祝。另外，无人机还组合出了平昌的标志和开展滑雪、曲棍球和冰壶等运动员形象。这种无人机灯光秀后来也搬到了奥兰多的沃尔特·迪士尼世界。迪士尼已从联邦政府获得在主题公园飞行无人机的许可，英特尔也已收到一份能在夜间飞行无人机的许可书。迪士尼在假日期间使用300架英特尔无人机"Shooting Star"进行了以节假日为主题的音乐编舞空中表演。据英特尔称，这场假日动画的空中芭蕾，是该公司首次在美国举行的这种规模的无人机表演。名为"星光假日"的演出在精心编排经典歌曲的伴奏下不断变换出一幅幅美轮美奂的画面。每架四轴飞行器重量略超半磅，携带可超过40亿种颜色组合、可输入任何动画特效的LED灯。无人机机群由一台计算机和一名飞行员控制。英特尔和迪士尼的团队在5个多月的时间里一直致力于创作这场表演。每场表演都不到20分钟，因为这是每架无人机的最长飞行时间。英特尔创建了一种算法，通过使用参考图像来实现动画创建过程的自动化，然后计算出需要多少无人机，以及将它们放置在哪里，以获得天空中实现图像创建的最快路径。

这些无人机与其他广告无人机相比仍属于早期尝试，尽管它们正在不断变得复杂，而且迪士尼并不是唯一一家将市场营销推向天空的公司。瑞士AeroTrain公司拥有一架可以在人群上空飞行并可用于空中广告的充气无人机。而在南美洲，一家广告公司将无人机与人体模型连接起来，并让它们悬浮在加班职员的办公室窗户旁边，以便推销男式衬衫。

还有公司创建了一个可以在无人机上悬挂横幅，并在重大事件和商业活动中实施飞行的系统。从本质上来看，无人机在延伸"户外"意义的同时，还使广告更加便于携带、影响面更广及群体靶向性更强。去过迪士尼主题乐园和奥运会的游客应该已经看到了其中的潜力。空中无人机还可以用来连接地面上的移动物体，英特尔无人机就可以在空中创造标志和大众广告，这是物联网版的户外广告。

目前为止，无人机可能还不会把达美乐的比萨或亚马逊的产品递送给消费者，但它们重要的营销机会正在不断得到挖掘，比如英尔特无人机在重大事件中的现身。无人机甚至还出现在国际时尚界。在米兰时装秀上，奢侈品设计品牌杜嘉班纳就使用无人机走秀，而非模特在T台上拿着手袋走秀。无人机由T台两侧的人护送，以防万一，但的确表现得很好。与会者事先被要求关掉手机的无线局域网或个人防火墙，之后表演就开始了。无人机一架接着一架出现，每架机身上都携带着一个设计师的手袋。

除了这八架令室内观众感到惊讶和高兴的四轴飞行器外，无人机事件还推动了全球媒体的报道。杜嘉班纳公司的无人机表演不可能过于昂贵，虽然一些人可能会认为这有点投机取巧，但它正在引起全世界对该品牌的关注。低成本、高回报是物联网起步的关键。

无人机与汽车互联

物联网不是一个统一的、端到端的现象，它是一个包含着许多重大创新的体系。当然，最终的愿景是所有智能和互联的对象都以数据的形式黏合在一起，从而增强价值链，为消费者提供新的长期收益，帮助他们度过每一天。两个互联对象体系是自动驾驶汽车和无人机，它们可以在操作员的视线之外自动操作。多家公司一直都在测试无人机广告，因为无人机可以携带巨大的标志，有效地成为一个移动广告牌。互联和自动驾驶的汽车，无论消费者是否希望，都在世界各地接受试点测试，这些汽车既有出租车，也有交通工具车。

梅赛德斯-奔驰公司表示，公司将致力于互联车与无人机的融合。其拨出了5.62亿美元用于汽车和其他移动产品的数据化、自动化和机器人技术。奔驰公司研发的商务概念车Vision Van，是一款全电动、完全互联，且配有递送无人机的车辆，与无人机真正实现一体化。该车以自动化、机械化的方式装载递送包裹。当车停在递送点附近时，车顶的无人机就会接管后续工作。包裹从车送达到无人机，无人机再向包裹指定的地点起飞。消费者可以通过手机追踪准确的递送时间。从装载到递送的整个过程都是互联的。车中的智能技术包括远程信息处理技术，它负责收集和处理有关递送路线的状况和递送物当前的定位，所有数据都将传送到配送管理器。该车将配备互联的、自动化的货舱系统，因此下一个要递送的包裹将移至队列的顶端。据奔驰公司估计，每辆平均携带180个包裹的递送车，需要重新安排包裹递送路线10次。

作为投资的一部分，按需运输货物和人员也是奔驰公司的未来计划内容。"拼车"已成为公共交通的一种潜在补充。奔驰公司的新部门"未来运输系统"现已拥有200名该领域的员工。为了推进集成车与无人机一体化，奔驰公司收购了美国自动化无人机物流开发商Matternet的一部分业务。互联汽车与无人机的物联网体系能否运作或运作得多好，还有待观察。别的不说，创建一个更有黏合力的物联网未来就有5亿美元的价值，而这只是无人机技术正在创造或改造的众多新市场之一。

无人机创造新市场

当数以百万计的无线电信标台和传感器部署在世界各地时，物联网的另一部分正在起飞。飞起来，犹如在空中，如同商用无人机正在起飞一样。亚马逊正在探索无人机包裹的递送，谷歌也在研究这个问题。索尼更是马上采取行动，成立了一家无人机公司（恰好属于它的移动部门），该公司不销售无人机，只销售无人机服务。这些类似于软件服务的无人机服务，供企业租用无人驾驶飞行器来远程核查公司事务。

　　一家机构在创新过程中提出了一个新颖的无人机创意。数字营销代理商SapientRazorfish的项目SNAP快速成形技术要求配对内部员工，在两周内构思并创建出全功能原型无人机。"这个项目的理念是选取两家制造商，一家来自我们的创意团队，一家来自我们的技术团队，"该公司的创新副董事兼SNAP项目负责人莫·莫拉莱斯如此告诉我。快速成形技术始于波士顿办事处，但最终从悉尼的SapientRazorfish办事处传到了新加坡的办事处。

　　"快速成形技术"的运用实例之一便是"废旧汽车堆积场搜寻无人机"项目。项目人员利用多台无人机对众多废旧汽车堆积场进行航拍，存储相应的视频资料，并借助众包模式调查采集每个废旧汽车堆积场所能提供的汽车零部件的细节信息。莫拉莱斯说："我们调查的对象是汽车修理工或汽车工匠。"在SNAP项目实施过程中，项目人员使用一台"自动创意制造机"随机挑选一名调查对象，然后再任选一种技术。当时，所选中的分别是汽车修理工和无人机技术。"以前，汽车修理工或汽车工匠需要某个汽车零部件时，只能在自家废品堆积场里翻找，或者去附近的废品堆积场里搜寻。不过，现在有了这台特殊功能的无人机。"莫拉莱斯说道，"他们可以去以前因为

距离太远而去不了的废品堆积场搜寻所需要的汽车零件。该项
目所设计的无人机能够把其他废品堆积场里可用的汽车车身和
零部件列成视频资料清单供人们挑选。"项目人员未来还会制
造配套的地面机械设备完成零部件收集工作，但它们通常被称
为搜寻机器人，因为它们不具备飞行功能。关键是，所有这些
物体，无论是飞行的，还是在地面上移动的，或者仅仅作为静
止传感器，都将互相连接。这些物体的价值不在物体本身，而
在引导它们共同提供服务的信息上。暂且不谈安全和隐私的重
大问题，单是累积的海量定位数据就大得惊人。当无人机与传
感器连接后，无人机实时移动数据都将实现同步互连，此时营
销能力就仅受品牌、营销人员或代理商想象力的限制。无人机
营销的时代还没有到来，但无人机和传感器的时代即将来临，
我们也都清楚聚集的人群将给我们带来什么。

　　无人机最终可能被用于把人们从一个地方运送到另一个地
方。当汽车、拼车和科技公司出于种种原因致力于完善无人驾
驶汽车的时候，由谷歌联合创始人支持的自动化交通飞行版本
正在悄然起步。加州飞行汽车公司Kitty Hawk推出的一款叫科拉
的产品是一款由12个独立升降风扇组成的电动飞行器。这架飞
行器能像直升机一样起飞和降落，也能像单螺旋桨飞机那样飞
行。科拉工程副总裁埃里克·艾里森表示，由于这架交通工具
是自动驾驶的，所以不需要飞行员执照。

该飞行器是"一款将你带到空中的新型个人交通工具"，Kitty Hawk首席执行官塞巴斯蒂安·特伦在视频声明中说。他将飞行计程车项目描述为"一场值得重新思考、重新想象我们每人每天如何移动的全球运动"。作为飞行原型的科拉，设计容量为两名乘客，它翼展36英尺，能以每小时110英里的速度飞行约62英里。谷歌联合创始人拉里·佩奇为该公司提供全方位支持。该公司声称，科拉拥有新西兰和美国联邦航空管理局的试验适航证书。

"我们非常兴奋和自豪地与新西兰人民和政府合作，推出了一项商用航空出租车服务，"Kitty Hawk新西兰运营商兼泽菲尔航空公司首席执行官弗雷德·里德说道。"我们认为，这是运输发展的下一个合乎逻辑的步骤。"科拉将使用人工监督的自主飞行软件，就像有人坐在驾驶座上的无人驾驶汽车一样。该公司表示，这些车辆将不用于消费者销售，它们只为航空公司或拼车公司提供服务。至于何时人们可以乘坐空中出租车还暂无消息。除了市场营销、广告，让乘客四处飞行，各种形式的机器人还可以用来自动追踪事物。

机器人、无人机和库存

机器人零售时代即将来临。在国际消费类电子产品展览会上，很多公司展出了各种形状和大小的机器人。一些机器人被设计为家庭伙伴，另一些则在工厂车间提供帮助。在纽约举办的全美零售联合会大型展览上，一款已在零售业崭露头角的机器人展示了它是如何工作的。零售行业机器人公司Fellow Robots的导航机器人NAVii不仅可以和顾客打招呼，还可以引导购物者找到他们想要购买的商品，在大卖场特别有效。然而，机器人的优势可能是对货架上的商品进行追踪。劳氏公司在多家商店使用机器人来帮助顾客，但同时也用于追踪库存。全美零售联合会中Fellow Robots公司的展览目标完全是为了展示NAVii如何追踪货架上的商品。

"机器人在商店里巡游并绘制地图，它会四处走动，检查货架、扫描商品及商品前的标价。"Fellow Robots公司首席执行官兼联合创始人马可·马斯科罗对我说。当然，这台机器人并不像人类那样在每种商品前都停下来扫描，它疾驰着沿途扫描多个货架和商品。马斯科罗说，NAVii通过使用机器学习和人工智能来确定某一商品是否缺货，是否存在价格差异，是否放错位置等。像其他商用机器人一样，NAVii有一个交互式屏幕，可以用来向员工传递信息，也可以与客户交互。

经过在加州7家沃尔玛商场的测试，沃尔玛在加利福尼亚州、得克萨斯州、阿肯色州和宾夕法尼亚州的50家商场推出了一款新机器人。该机器人可以在不到一个小时的时间内扫描几十个通道的商品。沃尔玛声称，这些由美国波萨诺瓦机器人公司（Bossa Nova）推出的机器人，能够在货架上扫描缺货商品，并使用人工智能和机器学习来识别低库存、价格错误或标签缺失等问题。机器人漫游技术为商场提供了需要注意区域的近乎实时的图像。

米尔皮塔斯的沃尔玛商场经理塔拉·卡迪表示："这是另一个很好的例子，说明我们的商场是技术驱动和以人为本的。漫游技术以及沃尔玛持续推出的其他创新，帮助我们的同事更快速地完成可重复的、可预测的和耗体力的任务，以便他们能够集中精力为我们的顾客服务。"

在美国，消费者对机器人的接受和使用度落后于世界上其他的一些地区，尤其是亚洲，那里许多消费者家里都有机器人。商店里有机器人的另一个好处是，消费者将开始习惯看到它们和它们所做的事情。波萨诺瓦机器人公司商务总监马丁·希奇表示："沃尔玛知道，顾客的习惯和购物期待正在以惊人的速度变化。为了满足顾客快速变化的需求，沃尔玛正在使用创新技术来节约人力，以便更好地让他们的同事集中精力为顾客服务。"

沃尔玛也非常了解无人机，为了帮助商店的购物者而特意申请了无人机专利。购物者可以使用手机或商店提供的设备召唤无人机，然后指示无人机对产品进行价格验证，或为消费者提供导航帮助。"例如，如果用户请求对从移动电子设备上的虚拟购物列表中的所选商品提供导航帮助，计算设备就可以控制空中无人机以提供导航帮助，从而引导该用户到达所选商品的位置。"专利申请时是这样表述的。

无人机还可以提供视像投影，提示无人机的路径或音频输出，从而引导购物者找到产品。专利申请显示，不同类型的无人机具有不同功能，如显示屏和可视投影仪，可以用来执行购物者需要的不同类型的任务。

除了把顾客服务推向新高度之外，随着企业中其他物联网创新的不断推出，无人机店内服务仍有一点遥远。虽然各种专利中的一些想法可能永远不会实现，但它们的确提供了一些零售商认为可能有些前卫的未来观念。我应该在这里指出，专利和专利申请不是产品或服务，可能永远不会大规模投入使用。除了零售业，无人机和机器人正在其他许多领域内进行测试。

学校与机器人

至少在教育界，机器人已经开始投入使用了。2017年，中国一台名为智医助理的机器人通过了国家执业医师资格考试，它是迄今已知的第一台通过此考试的机器人。该机器人的设计目的是捕获和分析患者信息，并在测试中获得了高分。另外，一台名为Bina48的高级机器人成为加州那慕尔圣母大学一个班级的成员。根据学校所述，该机器人完成了班级课程"爱的哲学"的所有任务；还通过即时通讯软件Skype参加了课堂讨论，并参加了正式考试。

"一台具有社会性的高级机器人接受大学课程，这作为历史上第一次的一部分有着非凡意义，"这门课的讲师威廉·巴里教授说道，"我们试图向Bina48解释我们的情感时，很多学生包括我自己都学到了很多与人生阅历和爱有关的东西。"该机器人还参加了巴里教课的班级和美国西点军校的道德课程辩论。这场论题为战争中致命和非致命性战斗武器的辩论在视频网站YouTube上足足进行了三周多，学生在那慕尔圣母大学校园和西点军校之间交换录像。随着机器人的广泛使用，消费者正在更新他们对变化的看法和他们的期望。

房地产行业与机器人

生活中，各种形式的机器人随处可见，纽约每年的广告周也不例外。周一，两种不同风格的机器人陈列在纽约创新画廊两层楼的玻璃柜台内。楼上有一条能对颜色作出反应并能与人互动的机器龙；楼下的机器人则在楼内巡游，制作平面图，并拍摄高质量360度的视频。"这条龙是为广告周制作的，用来展示人工智能如何用于互动。"成立于厄瓜多尔，现正迁往旧金山的Robots Crate公司的负责人迭戈·巴拉雷佐介绍说。该公司专营在交互式信息亭和销售点系统方面人工智能的使用。巴拉雷佐给我展示了一个信息亭的例子，他们的一款机器人能根据儿童在冰激凌摊上的输入实时制作冰激凌。楼下那款机器人更聚焦于接触企业，尤其是那些从事房地产交易的企业。位于布鲁克林的初创两年的公司Virtual APT主要为包括Cushman & Wakefield和Stribling在内的房地产公司研制并生产360度视频。

布赖恩·科林是Virtual APT的首席执行官和联合创始人，他向我展示了其公司制造的一款机器人。该机器人通过轮子移动，在其顶部有一组摄像头，它具有很强的计算能力。Virtual APT通常会在待售的房产里与房地产经纪人会面，然后安装好机器人在房间里漫游拍摄视频并测量房间面积，最终提供不动产的虚拟漫游和房地产公司的语音服务。"我们不会告诉你怎样卖房子。"科林说道。房地产公司把机器人带去使用，而房地产经纪人进一步明确他们想要显示和突出的内容。

科林说，Virtual APT还为代理机构提供增强现实技术，特别是当代理机构发展客户并需要这样的产品时。该机器人有一些可以让客户快速跳转到房间不同位置的按钮。该公司的机械工程师马修·莫黑德说，机器人还具有激光雷达功能，因此它只要出现在某位置一次，就能准确记忆并快速回忆。每年1月，拉斯维加斯的国际消费类电子产品展览上都会出现新的机器人款式。如今看来，有些新款已经等不及了。而作为短途运输工具，机器人也正在变得越来越有用。

机器人快递

随着礼品花通过机器人送达，母亲们获得了母亲节的惊喜。这些近2英尺高的机器人以4英里/小时的速度行驶，在慕尼黑递送食物和比萨，在加利福尼亚送纸杯蛋糕，在伦敦的街道上漫步。现在，在线网站1-800-Flowers.com正在通过创业公司Starship Technologies的机器人在母亲节送花。加州的试验是从在森尼韦尔市的第一次送花开始，期间还首次使用机器人的音频功能，客户一打开机器人的顶部，收到送来的花时，音乐就开始播放。

"1-800- Flowers.com的机器人给每个接收者都送了一束插花和一小盒谢丽尔饼干。"该网站的首席执行官克里斯·麦肯告诉我。该试验刚开始时，花的投递也是一次一单，因为网站和技术公司都在学习和完善程序。"在森尼韦尔，我们已经两次成功地送花给两个幸运的母亲了，"麦肯说道，"两家公司仍然在递送商品数量的细节上进行进一步研究。"

在母亲节这样一个被花店当作"超级碗"般存在的节日，第一个参与前沿技术创新的网络零售商非常难得。就在去年母亲节前夕，1-800-Flowers通过IBM认知计算系统Watson的人工智能引擎推出了一项数据礼宾服务，以帮助顾客搜索和下单。该项目取名为GWYN，在你需要的时候给你递送礼物。

麦肯说，公司很高兴能够把机器人递送作为一种新兴的技术来进行测试，并且还了解到顾客对新功能的反应。在花店，插花和其他礼物装进机器人内，当机器人到达时，接收者通过移动应用程序打开盖子。在障碍物探测方面，这款6轮机器人使用9个摄像头和超声波传感器。这些设备能以10英里/小时的速度行进，但通常设置为4英里/小时的速度，而且主要在人行道上行走。

麦肯说，成功的衡量标准仍有待确定，它只是一个试点。对任何一个在母亲节被机器人意外送花的接收者来说，早期的衡量标准之一很可能是顾客的微笑。各式各样的东西都可以由机器人来递送，它们就像行人一样开始沿着同样的人行道移动。

送花的Starship公司已获得在俄亥俄州使用六轮配送机器人的许可。该州与佛罗里达州、爱达荷州、威斯康星州和弗吉尼亚州一起，向近两英尺高的机器人敞开了大门，让它们能够在前往接收者方位时在人行道上行进。

一个有趣的转折打开了俄亥俄州机器人递送的大门，立法机构重新定义了行人。它还在一定程度上重新定义了司机。获批的政府财政计划中包含以下表述文字："行人是指任何正在行走的自然人。行人包括个人运输设备。司机或驾驶员是指每一个驾驶或实际控制车辆、无轨电车或有轨电车的人。"这个概念非常简单：一个包裹或物品放置在机器运输设备内，它到达目的地，另一端的人打开设备，取出货物，然后机器人自动返回原点。

Starship说，机器人可能很快就会把比萨带给俄亥俄州人了。这款递送机器人有9个摄像头，一个弹射顶部，另一面还带有LED灯的橙色信号旗。走在路上，这些机器人能吸引行人的目光。另一方面，这种商品运输设备可能会彻底改变消费者接收商品的方式，尤其是从附近场所运送的商品，比如快餐店。当前，它们能比无人机携带更多东西。

追赶上无人机和机器人的步伐

与其他变革技术一样，机器人和无人机并不是什么新生事物，但两者的技术已经可以更多进入主流的视野。机器人和无人机的商业途径应该是审视它们在企业的某一特定领域能做些什么。机器人可用于商场或酒店迎宾，也可以用于配送；一旦安全和监管问题得到解决，无人机也可以用于配送。同时，两者还可以用于影响力范围广的营销活动，比如奥运会和迪士尼主题乐园等。

这些仍处于早期阶段的无人机和面向消费者的机器人，对许多消费者而言，仍是一种新奇的现象，因此很容易引起他们的注意。早期投入使用这两种产品的回报，很大程度上可以反映在一项创新所推动的大规模宣传效应上，而这种宣传往往比高价营销或广告战更有价值。因为正如你在本章前面部分所看到的，所有的媒体和曝光都是免费的。

任何一家运输快递公司都应密切关注世界各地机器人的运输试验，而试点项目的启动可以在获取是否对特定客户群体有效知识方面得到回报。在全书提到的数字化变革3.0时代的七个变革技术中，除了特殊情况外，观摩和学习可能优先于大规模部署。以下整理了本章需要思考的七个要点：

● 关注无人机——大多数无人机试验都会得到大力宣传。寻找潜在的营销机会，同时应该关注运输试验和法规。

● 探索无人机营销——这是奢侈品店、大型竞技场展览可以发挥作用的地方。英特尔是该领域大型无人机营销的领航者。

● 寻求无人机数据——无人机可以用来收集信息。依靠无人机来捕获视频信息。

● 识别重复任务——这是机器人的闪光点。无论是在餐馆制作汉堡，还是在过道清点存货，这都是一个很有潜力的回报区域。

● 测试客户对机器人的反应—— 机器人在亚洲比在美国或欧洲更主流。测试你的客户，看看客户想从那里得到什么。

● 考虑机器人运输——机器人运输测试已经进行了一

段时间。核查最后1英里运输的经济性。

● 监控市场上的机器人——市场上有很多正在接受客户测试的机器人。监控客户对它们的反应，因为反应和接受度会随着时间的推移而变化。

欢迎进入管家式经济时代

　　物联网推动的第三次数字化变革引发消费者全新的、更高的期待，这将促使企业设计新的方案来预测消费者的需求并为他们提供服务。在许多情况下，消费者甚至还没有意识到他们需要或想要什么。我将这种变革衍生出的经济模式称之为"管家式经济"。

　　万维网的商业互联网使得坐在电脑前的消费者在他们自己的时间框架内搜索、交互以及得到信息。智能手机解放了消费者，让他们可以随时随地连接到网络，搜索当前所需的任何信息或服务，并彼此共享。同时，网络迭代也使得人们以这样或那样的方式与技术进行交互。这是供需关系突破了时空限制的时代，消费者可以随时在任何地点购物和逛商场，品牌和营销人员也可以根据消费者当前位置对他们进行目标定位。这也给部分消费者带来了新的期望——许多人学会了使用手机来寻找商品以及当时的最理想价格。然而，这种顾客与品牌以及服务人员之间的互动模式本质上是由客户发起的。

管家式经济是一场"企业如何为客户服务的变革"，这些客户在日常生活中正与他们周围的一切联系在一起。互联性和传感器的新形式，随着大数据的小型化，正在引起以前没有想到过的个性化服务方式的出现。管家式经济包括预测消费者的需求，并在消费者的消费途径中创造适当的影响点。

在未来几年内，预计将有6万亿美元用于物联网相关的新项目，其中消费者支出将超过1万亿美元。只要有动静，一定能追踪到。企业即将面临新的情况，这迫使他们成为消费者的虚拟管家。成功的企业将为迎合消费者而变革，其本质是企业在新经济中充当消费者的管家。

例如，在斯德哥尔摩，阿姆瑞特克拉丽奥酒店是世界上第一家在套房中放置聊天机器人的酒店。这款聊天机器人基于亚马逊Alexa技术，客人可以通过语音指令来控制房内灯光和呼叫客房服务；还可以请机器人提供叫醒服务、预定出租车；通过语音指令播放音乐，并获取天气状况。

　　管家式经济将要求企业重新思考如何与客户进行互动，促使他们为客户采用全新、全面和持续的服务方式。存在这种客户关系的新时代，即将进入一个以全新方式连接人、地、物的世界。管家式经济由已部署的数十亿传感器与新人工智能引擎的海量数据所推动，而人工智能引擎利用这些数据获取新的消费者洞察——这种洞察可以转化为高度个性化的客户体验。

推拉式营销的终结

　　广播电视时代是营销推送的时代。营销信息可以由一家公司创建，并在预设的时间框架内引爆，营销者有完全的控制权。商业网络改变了这一切，并引入了推拉式营销，从此消费者有了取决于自己而不是品牌的时间框架内寻求信息的新动力。而手机增加了位置要素，使得消费者能够通过他们的智能手机根据他们所在的位置和任何特定时刻所做的事来获取信息。

　　在管家式经济中，推拉式营销也没有了，全渠道的概念消失了。无论他们在线与否，是否使用智能手机或在线商店，我所称为的"无所不在的艺术"取代了协调客户目标营销的全渠道。这意味着在消费者意识到他们的需要前，营销者就能识别出客户的需求和愿望。也就是说，我们需要在与客户交互时激活实际驻留在云端中的营销信息。管家式经济将无处不在，时时刻刻为所有地点、时间和环境背景提供信息。

在这个时代，公司将不得不重新制定面向消费者的战略，以成为消费者的虚拟管家。管家式经济将影响品牌忠诚度，因为消费者将更倾向于根据他们目前正在接受的服务来决定选择何种品牌。企业给消费者评级的传统颠倒了，相反是消费者来对企业进行评估和评级。这些相互联系的消费者将根据品牌实时为他们提供服务的方式和内容来决定谁是最好的品牌。在管家式经济中，互联的消费者面临不计其数、不断变化的选择，他们改变着品牌、广告商和营销人员与他们互动的方式。

正如本书中所讨论的那样，智能语音助手协助消费者在家中下达指令。这些服务和功能将扩展到其他设备，包括汽车和智能手机，以便消费者全天候地使用这些实时辅助设备。与越来越"聪明"的设备实时语音交互，将不断提高消费者对品牌的期望。

实时消费者信息

管家式经济与"速度"紧密相关。在管家式经济中，在消费者筛选最有用的信息前，消费者都将收到事先创建和提供的相关信息、短信和服务，这将创造一个我所说的"预见性营销"的新时代。在这个时代，品牌将不得不利用传感器生成的信息来预先确定什么是客户最有可能需要的。这种预测式营销背后是大量实时数据，而这些数据的收集和分析还处于发展的早期阶段。它将涉及健康器械与所需日用品，还涉及营销人员为连接大量客户数据和行为而使用的智能设备。虽然许多大公司多年来一直都在收集客户数据，但他们从未接触过由联网传感器生成的海量数据。身处管家式经济模式下的企业将不得不创建和使用新的分析工具和指标来挖掘、利用这些数据。

在管家式经济中，营销短信更不具备侵扰性。例如，不同于亚马逊Alexa的启动对话，它可能会显示某种颜色，表示正在等待消息，或者已经确定由于航班取消而需要调整旅行。尽管幕后有更多的"智能性"，它很像过时的电话答录机。面向消费者的广告将变革为与消费者的对话。

一旦营销人员了解了这些动态，他们就可以更有效地创造在向高度相连的世界过渡期间接触和影响商业伙伴和客户的机会。

就如互联网和手机一样，物联网已被大众普遍接受。又如移动互联网，企业越早拥抱它，就越能从中获益。有些企业可能是想节约成本，有些则是想寻找新的收益来源。然而，最大的潜在收益是在知识方面。企业只有真正去做与这七个数字化变革技术相关的业务，他们才会明白什么是他们最终能做并应该做的。物联网是复杂的，亦需要积累经验。对不同公司来说，可能因公司文化、产品或服务、客户等因素不同而积累不同经验。

物联网项目和业务变革正在进行的主要原因之一是消费者行为。虽然企业可能在技术创新方面落后，但他们的客户将看到周围发生的一切。

再次强调成为管家式经济企业所需要的七个数字化变革技术：

● 传感器——利用传感器确定客户的浏览方式和行为模式，让你的客户确切地知道你所获取的信息以及他们如何从这次体验中获益。

● 人工智能——利用人工智能发现新客户的需求和愿望。

● 语音助手——将广告信息变革为与客户的对话，对话的重点应该是向客户提供服务，而不是试图向他们推销产品。

● 智能家居——寻求为客户在家时提供更具互联性和互动性的相关服务的新方法，随时为客户服务。

● 虚拟现实和增强现实——在虚拟世界中想象你的品牌和产品，并努力在增强或混合现实的世界中对其进行转化。

● 互联汽车——寻找附加的、与品牌相关的品牌推广服务，以便在运输途中为客户提供服务。

● 无人机与机器人——第一个目标是试着让你的客户微笑，他们会为此对你心存感激。

前两次数字化变革对企业和消费者行为的巨大影响已经不是

什么秘密了，我们希望，在读完本书之后，你们能意识到第三次数字化变革的重要性。

欢迎来到数字化变革3.0时代。

DIGITAL TRANSFORMATION 3.0 致 谢

　　总体而言，本书是我对本人所经历的三次技术变革的回顾和总结。第一次技术变革是互联网，第二次技术变革是移动互联网，而当前经历的技术变革是物联网。一路走来，我并不孤单，因为我总是能碰到经历过一次、两次甚至所有三次创新时代的同行者。

　　在他们的帮助下，拙作才得以问世。他们正是我要感谢的人。

　　物联网能够成为现实，离不开全世界无数家公司里无数管理人员的辛劳。他们花时间与我分享了自己的成功以及失败的经历，但本书中所收录的众多故事只是其中一部分，并非全部。总之，我要对他们所有人致谢。我要特别感谢共事多年的伙伴：国际机器商业公司

（IBM）的全球客户中心副主任道格·格雷尔。三年前，本书的相关研究工作还处在早期阶段时，他负责组织公司里的管理人员召开物联网建设通报会。我对他感激不尽。

我同样要感谢那些身处世界各地却愿意接受我采访的人，因为我的采访有时是临时安排的，有时是适逢被访者百忙之际。我还要感谢那些曾与我交流看法的网友们。他们对我发表在媒体发布网《人工智能与物联网日报》的专栏以及我的全球播客"与查克·马丁聊物联网"上的很多文章发表了评论。他们所有的真知灼见，无论被我记录与否，都无比重要。

我最想感谢的还有我的家人，感谢他们对我一贯的支持，尤其要感谢他们知晓我完成这一本书所要付出的辛劳，并且多年来已经无数次目睹和经历我写书的艰辛后依然选择支持我。

我还要特别感谢我的两个儿子莱恩和蔡斯。他们成长在一个高科技和数字化的家庭环境里，他们陪着我参加了波士顿的各种高科技展会以及拉斯维加斯的国际消费类电子产品展览会，并一直保持着对科技旺盛的好奇心。此外，从帮助我推敲标题背后的理念，到不断和我探讨物联网和其他新科技理念，他们俩都付出了很多，我非常感谢他们。对我而言，他们的付出意义重大。

当然，我也万分感激我的爱人泰瑞，她是为我打理一切事务的终身伴侣。尤其感谢她在我每次欣喜地告知她有一项新的物联网技术创新成果将要问世时对我当头棒喝。她总会问我一个现实问题："人们凭什么要使用这个技术呢？"在她的提醒下，我才能脚踏实地地做事。（我也要感谢我们的亚马逊智能语音助手"Alexa"。有时我还碰见它与泰瑞互相争论。当然，放在我桌上的谷歌智能音箱Google Home的功劳也不能忘。）